La misión de Editorial Vida es ser la compañía líder en satisfacer las necesidades de las personas con recursos cuyo contenido glorifique al Señor Jesucristo y promueva principios bíblicos.

EL MINISTERIO JUVENIL EFECTIVO
Nueva edición en español publicada por
Editorial Vida – 2009
Miami, Florida

©2009 por Lucas Leys

Diseño interior: *Matías Deluca*
Diseño de cubierta: *Kaleidoscope Studio*
Adaptación de cubierta: *CREATOR studio*

ISBN: 978-0-8297-5508-4

CATEGORÍA: Ministerio cristiano / Juventud

A los líderes juveniles que se animan a ir más allá de las expectativas de otros con tal de evangelizar y discipular a la juventud que Dios tanto ama.

A los jóvenes de un continente golpeado que buscan líderes preparados que sirvan de modelos e inspiración para cambiar la historia.

Recomendaciones

Lucas Leys es reconocido internacionalmente como un dinámico líder en materia de ministerio juvenil. Con la unión del Espíritu Santo, las probadas técnicas que nos presenta este libro serán grandemente usadas para la gloria de Dios y bien de la juventud.

El sagrado mensaje de las Buenas Nuevas de Jesucristo debe ser adaptado a cada cultura y cada época de la historia. Por eso recomiendo la lectura, el estudio y la práctica de los principios explicados inteligentemente en este manual de recursos para líderes juveniles.

Dr. Luis Palau (Evangelista Internacional)

Este es un libro realmente extraordinario. Todo líder de jóvenes y todo jóven que anhele tener verdadero éxito ministerial lo utilizará como herramienta insustituible. Muchas gracias al Dr. Lucas Leys por esta obra de excelencia.

Dr. Alberto H. Mottesi (Evangelista Internacional)

Los principios bajo los cuales fue escrito este libro, son el resultado de una amplia investigación y de la cuantiosa experiencia en ministerio juvenil acumulada por el Dr. Lucas Leys. Leerlo resultará una valiosa inversión en el desarrollo de su liderazgo.

Marcos Witt (Director y fundador de CanZión Group. Salmista y autor)

Lucas Leys está integrando las más actualizadas técnicas de liderazgo con su vasto conocimiento de las necesidades de la juventud hispana. Está haciendo por la Iglesia de Hispano América lo que lo que nunca ha sido hecho antes en materia de pastoral juvenil.

Dr. Tony Campolo (Sociólogo. Profesor emérito de Eastern University y conferencista itinerante)

El Ministerio Juvenil Efectivo ofrece excelentes reflexiones, consejos, recursos, experiencias, humor, candidez, experiencias, métodos probados y muchas formas prácticas de establecer un ministerio juvenil de impacto real en nuestro mundo. Solamente eso le da un valor incalculable al libro. Sin embargo, Lucas Leys se nos presenta también con un apasionado corazón de siervo que anhela ver a la juventud postrada ante el Señorío Absoluto de Cristo. «El ministerio Juvenil Efectivo» es una excelente brújula espiritual para los a veces desesperados líderes que desean que sus jóvenes se apasionen totalmente por su Señor.

David Coyotl (Director de la Revista IPI, México)

"El basto conocimiento; y la mucha experiencia que Lucas Leys ha acumulado durante tantos años de servicio a la juventud hispana, hacen de este manual una herramienta que todos los líderes y pastores de jóvenes debemos utilizar"

Luis Enrique Espinosa (Salmista, director de Producciones Uno y de los eventos Generación Nueva)

"Este libro es una excelente herramienta que todo líder juvenil debe tener a mano para ayudarlo en el desarrollo eficaz de su ministerio. Es sumamente práctico, actualizado, útil y pertinente."

Esther Alcántara y Zeida Severeyn (Producciones Infantiles Fronty. Maracaibo, Venezuela)

Lucas Leys nos muestra que las metodologías tradicionales no son suficiente en esta época donde la comunicación, tecnología y acceso a todo lo que el mundo tiene disponible; Pero no se queda allí, sino que nos brinda un caudal grande de ideas y consejos sabios para saber cómo alcanzar a esta generación. Este libro enfrenta a los líderes juveniles de la Iglesia con las necesidades de la juventud fuera de los templos, considerada por muchos la etapa más difíl y ha sido escrito por alguien que ha sido levantado por Dios desde su adolescencia para hacer un cambio en la Iglesia respecto a la juventud.

Dr. Juan Carlos Ortíz (Conferencista internacional. Autor. Pastor emérito de la catedral de Cristal en Garden Grove , California)

El libro de mi amigo y compañero el Dr. Lucas Leys es uno de los libros más completos para el trabajo con jóvenes hoy en día. Lucas se ha ganado la credibilidad de escribir este manual por sus años de experiencia en el ministerio con jóvenes en distintos países y por sus amplios estudios universitarios. Este libro tiene todos los componentes para convertirse en un clásico para el ministerio juvenil en todo el mundo de habla Hispana.

Dr. Jeffrey D. De León (Director de Liderazgo Juvenil. Miami, Florida)

¡Este es un libro sensacional! Sus páginas están llenas de consejos totalmente prácticos para potenciar nuestros ministerios juveniles. Cada líder percibirá entre líneas el entusiasmo, la pasión y el amor que Lucas Leys tiene por alcanzar efectivamente a la juventud de hispanoamérica.

River Claure (Director de la Red del Mundo Juvenil Bolivia)

"Nuestros ministerios juveniles están listos para un material tan profundo e intelectual pero a la vez tan fresco y simple. Lucas nos lleva paso a paso por el escabroso camino del trabajo con las nuevas generaciones. Este libro debe ser parte básica de la dieta de cualquiera que ha aceptado el desafío de servir a los adolescente y jóvenes contemporáneos en la iglesia."

Junior Zapata (Director del Instituto Evangélico América Latina, la escuela cristiana más grande de Guatemala. Autor)

Este libro es un documento que reúne todas las demandas de los líderes y pastores de jóvenes involucrados en el ministerio juvenil hoy. Cada plan, estilo, elemento y programa descrito aquí es una ayuda invaluable para alcanzar a las nuevas generaciones. Sin duda que este libro será la base del éxito para muchos líderes juveniles que tienen la meta de impactar y discipular a nuevas generaciones para Cristo.

Gloria Vázquez (Ha participado del pastorado juvenil en México y USA por varios años. Cantante y autor de varios libros)

El Dr. Lucas Leys vuelve a demostrar por qué es una de las máximas autoridades en liderazgo juvenil en el mundo hoy. Este trabajo explora nuevos caminos y marca la dirección en que debe movilizarse el ministerio juvenil de la Iglesia emergente.

Dr. Pablo Deiros (Pastor de la iglesia bautista del centro en Buenos Aires Argentina y Profesor de Historia de la Iglesia. Seminario Teológico Fuller. Pasadena, California.)

Este libro es el reflejo de un corazón lleno de amor por la juventud de Hispanoamérica, años de experiencia atesorados con inteligencia y un impresionante trabajo de investigación. Lucas escribió "El Ministerio Juvenil Efectivo" pensando en tu ministerio convencido de que trabajamos junto al Espíritu de Dios con el fin de revolucionar a una generación que marcara una diferencia.

Germán Ortíz (Director de Liderazgo y Adolescencia Grupo de Amigos en Buenos Aires, Argentina y autor)

"Felicito a Lucas Leys por este libro que inspira y bendice al liderazgo juvenil. Este libro te empujará a llevar a la juventud a ser parte del plan de Dios para este tiempo. ¡Imposible dejar de leerlo!

Sergio Belart (Pastor de Jóvenes de la Iglesia Cita con la Vida en Córdoba, Argentina. Organizador general del multitudinario congreso juvenil anual en Córdoba)

Este libro hace un verdadero análisis acerca de cómo piensan, sienten y viven los jóvenes de hoy. Su lectura facilitará un liderazgo efectivo para los líderes juveniles que lo lean. El Dr. Leys acompaña este estudio con un ministerio que bendice y ha bendecido a miles de adolescentes por todo el continente americano. Esta obra es una herramienta de consulta obligatoria en el ministerio juvenil.

Lic. Elizabet –Lizzie- Sotola (Editora asociada de la revista Mercado Cristiano)

Este manual comunica una visión indispensable. Es una obra clara y un apoyo excelente, bien organizado y fácil de leer para la pastoral juvenil. Doy gracias a Dios por esta importante contribución a la misión de Cristo en el mundo de habla hispana.

Dr. Charles Van Engen (Profesor de Teología Biblica de la Misión. Seminario Teológico Fuller. Pasadena, California.)

Índice

Clave 5: EJERCERCITAR EL LIDERAZGO APROPIADO

Clave 6: HACER CONTACTO CON LA CULTURA QUE QUIERES AFECTAR

Prólogo

Básicamente, este es un libro de gemas. Cada página te eleva a una dimensión elevada en el ministerio con ese target tan singular: los jóvenes. Lucas Leys, además de ser amigo personal y me llena de honra el saberlo, es un eterno detonador de ideas revolucionarias. Cada libro que surge de su aguda pluma, es sencillamente esclarecedor, desestructurador y desafiante. Indudablemente, este nuevo libro pega justo en el blanco, y debería ser de lectura obligada para todos aquellos que sueñan o tan sólo acarician la idea de llegar a la juventud.

Lucas, ya forma parte de la historia grande de nuestro continente, ya que desde hace muchos años, ha invertido su vida en promover una contracultura, en medio de una mediocridad alarmante que invade sin piedad los diferentes ministerios. Creo que este manual ayuda a romper ese ciclo, y con un lenguaje ágil logra arrancar una sonrisa autocrítica en los que gozamos el privilegio de ser sus lectores.

El lanzamiento de este manual es más que oportuno, instructivo y de vital necesidad. ¡Lo que hubiese dado por leer un material de esta índole cuando era más jóven y en el génesis de mi ministerio!

Aunque ya se ha escrito mucho acerca de los flagelos en el ministerio y los desafíos a afrontar, Lucas provee una herramienta invalorable para ayudarnos a entender las maneras en que Dios trata a los que quieren servirle, y revela las mil maneras de la multiforme gracia Divina con la que se puede trabajar e impactar a la juventud del mundo.

Todos sus libros anteriores, han sido un rotundo y rutilante éxito, pero creo que éste en particular, tiene un toque distintivo, único. Reciban esta nueva creación de Lucas Leys, inspirado por el Espíritu Santo, y preparémonos para reír, emocionarnos y todo el resto del cóctel de sentimientos que despierta este increíble manual del ministerio Juvenil. Sencillamente, brillante y movilizador.

Dante Gebel
Evangelista Internacional

Introducción

El ministerio juvenil es determinante para el presente y el futuro de la iglesia de Jesucristo. Hispanoamérica es testigo del surgimiento de las generaciones juveniles más cuantiosas de nuestra historia moderna y algunos pronostican que en los próximos años el setenta por ciento de la población de los países de Latinoamérica tendrá menos de 25 años.[1] Es sabido que vivimos un tiempo muy especial también en la iglesia. En el caso de las iglesias de habla hispana, de una iglesia de importación hemos cambiado a una de exportación. De una iglesia amoldada al uso y costumbres de los misioneros hemos cambiado a una iglesia autóctona y suficientemente versátil como para leer las necesidades propias de un área, un tipo cultural o una generación. Dejamos de ser el "pequeño pueblo muy feliz" para convertirnos en protagonistas del Reino de Dios en la tierra. El proceso ha costado lágrimas y seguirá demandando riesgos pero todo indica que vivimos un Kairos (tiempo oportuno) muy especial.

Los jóvenes son quienes están tomando las decisiones más determinantes de la vida. Están decidiendo con quién se casarán y cuál es su vocación. Están formando el rumbo de sus personalidades y aunque sin ser muy conscientes de ello, el rumbo de sus futuras familias y de su nación. Si en la mayoría de nuestras iglesias preguntamos cuando tomaron sus decisiones espirituales más importantes o vivieron sus momentos más intensos con el Señor; casi el ochenta por ciento responderá que fue durante la adolescencia y la juventud. Esto quiere decir que la adolescencia y la juventud son la tierra fértil dónde sembrar el evangelio. Por eso ser líderes de jóvenes es tener el privilegio de sembrar en el terreno más rico. Afectar la vida de alguien en esta etapa es influenciar décadas de decisiones y relaciones humanas.

Considero un privilegio que tengas este libro en tus manos. El liderazgo juvenil tiene un increíble potencial en su mochila. Una riqueza que debe ser administrada con sabiduría e inteligencia. Nos demos cuenta o no, todos dependemos de lo que los líderes juveniles hagan con las próximas generaciones. Por eso es vital tener líderes entrenados y eficaces para entender los tiempos, las tendencias culturales y las necesidades más íntimas de esta generación para poder ministrarla según el pleno uso de las capacidades que nos dio el Señor.

El propósito de este libro es proponerte estrategias, ideas y principios para que podamos desarrollar un liderazgo juvenil cada vez más efectivo. Este libro ha demandado muchos años de estudio e investigación. También varios fracasos que no te voy a ocultar en sus páginas y algunas victorias en la práctica personal del ministerio juvenil han sido una obvia contribución. Una increíble cantidad de bibliografía ha enriquecido mis hallazgos y una cantidad aún más importante de personas e iglesias han sido de un especial aporte para que podamos tener este libro. Si bien es el nombre de un solo autor el que aparece en la tapa son muchísimos los pastores, profesores, líderes juveniles y hasta adolescentes de diversos países que aportaron ideas y datos importantes que aparecen en estas páginas.

El estudio se ha realizado teniendo en cuenta lo hecho hasta ahora en materia de ministerio juvenil en iglesias y organizaciones de diversos países, tipos, tradiciones y tamaños. Principalmente propone 6 claves que he probado y he visto funcionar en ministerios juveniles de diferentes contextos. De todas maneras, déjame decirte que no se trata de una formula mágica o una solución simplista. Las 6 claves en las que vas sumergirte demandan un proceso. Lo que te aseguro es que reconocidas y puestas en funcionamiento, con paciencia y sabiduría, van a impulsar un impacto en tu ministerio juvenil.

¡Que puedas encontrar a Dios agitando tu imaginación en la lectura de estas páginas!

Tu compañero de equipo,

Lucas Leys

Las Variables del Ministerio Juvenil

*"Un joven no es un vaso que se llena, es un
fuego que se enciende"*
Rabelais

Los líderes juveniles son mi tipo de gente favorita. Tienes ganas de hacer una diferencia en las nuevas generaciones y Dios te contrató para que trabajes con la juventud. Ajustémonos el cinturón porque acá vamos: Para desarrollar un ministerio efectivo entre la juventud es indispensable reconocer los elementos esenciales de un ministerio juvenil y establecer cómo estos deben interactuar para producir mejores resultados.

Una gran cantidad de líderes y ministerios juveniles exitosos han propuestos sistemas y estrategias que les han sido apropiados en su experiencia. Estos sistemas pueden haber sido muy útiles al ser copiados por otras organizaciones e iglesias pero no siempre al adaptarlos han producido los mismos resultados que en el lugar original. Por eso mi interés no es proponer otro sistema sino reconocer aquellos elementos comunes a todos los programas que han estado dando resultados y considerarlos activamente para sugerir una estructura que pueda ser fácilmente adaptada a cualquier contexto, tamaño, denominación y estilo ministerial.

Pero tenemos que tirar un flechazo de entrada: Al hablar de ministerio juvenil efectivo no me estoy refiriendo a tener un grupo juvenil multitudinario ni exclusivamente a un tipo de crecimiento numérico. Los números pueden ser un elemento de evaluación pero no son "ÉL" núcleo del ministerio juvenil efectivo. Más adelante vamos a profundizar en esto. Por ahora déjame contarte que sé cómo se siente que te pregunten cuántos jóvenes tienes y tener que sentirte incómodo con la respuesta. Créeme, me la han hecho más veces de las que puedo contar y seguramente si todavía no te la hicieron pronto te la van hacer. Pero esa es una pregunta que muchas veces denota "ingenuidad." La pregunta "cuántos" suele pasar por alto conceptos como: proceso, contexto, visión pastoral, temporadas y propósitos por nombrar algunos.

> Los números pueden ser un elemento de evaluación pero no son "EL" núcleo del ministerio juvenil efectivo.

El Señor me ha dado el regalo de poder servirle en una iglesia cuando apenas tenía 70 miembros y también en una de más de 7.000. De la experiencia de años trabajando en distintas iglesias locales, de distintas denominaciones y en diferentes países, más mi experiencia en diversas organizaciones, he podido precisar la consideración de algunos elementos como fundamentales para cualquier ministerio juvenil sano sea cual sea la situación contextual. Antes creía que el ministerio juvenil se trataba de hacer una linda reunión de jóvenes cada fin de semana. Para mi el liderazgo era tener acceso al micrófono y participar de las decisiones acerca de quién predicaba, quién dirigía la alabanza y cuándo y dónde iban a ser las actividades especiales. Sin ser del todo consciente de ello, lo único que me interesaba era que el resto de los jóvenes de la iglesia pensaran que yo si sabía estar al frente. Nunca había reflexionado demasiado en las verdaderas necesidades de los jóvenes que estaba afectando y menos que menos estaba pensando en los jóvenes de fuera de la frontera de las paredes del templo de mi congregación. No me mal entiendas: constantemente ha-blábamos de evangelismo. Se suponía que nuestros sermones de tanto en tanto eran evangelísticos y cada vez que algún grupo de música tocaba siempre se suponía que lo hacían con el "único" objetivo de evangelizar. Si bien los elementos estaban dando vueltas por el ministerio que tenía a la mano hacer, nunca había podido visualizarlos claramente y ni hablar de ubicarlos en algún tipo de estructura u orden para elabo-rar una estrategia inteligente a la juventud. Creo que me ocurría como tantas veces que pierdo mis llaves. Las busco y las busco como loco y termino encontrándolas en el lugar más obvio. Es que los elementos los tenemos en la nariz. Sin embargo, la gran mayoría de los líderes juveniles nunca hicieron una profunda reflexión en ellos y yo puedo dar testimonio como tantas veces no supe ni de qué se trataban. Pero no te hago esperar más; acá van:

Los Elementos Básicos del Ministerio Juvenil Efectivo

Los siguientes son los elementos sobre las que vamos a ahondar en este libro:

Elemento 1. Adolescentes y jóvenes (¿Qué sucede en sus interiores y qué verda-deramente necesitan?)

Elemento 2. Propósitos (¿A dónde nos dirigimos en el ministerio juvenil y qué queremos lograr?)

Elemento 3. Programas (¿Cómo deben ser las actividades y la programación para atraerlos a la iglesia, satisfacer sus necesidades y movilizarlos a los propósitos?)

Elemento 4. Relaciones (¿Cómo retener a los jóvenes en la iglesia y lograr mejo-res resultados con sus vidas personales?)

Elemento 5. Liderazgo (¿Cuáles son las características fundamentales de los y las líderes juveniles efectivos y qué de los distintos estilos?)

Elemento 6. Contexto Cultural (¿Cómo es la cultura y cuáles son las tendencias en los comportamientos de los adolescentes que queremos alcan-zar?)

Estos 6 elementos no se tratan de componentes aislados. Es muy importante analizar cómo interactúan y por esa razón también los vamos a llamar variables. Sea tu iglesia carismática o conservadora, grande o pequeña, histórica o independiente, se encuentre en Alaska o la India, estos elementos variables deben ser cuidadosa-mente puestos en su lugar.

El siguiente diagrama representa los que estaremos desmenuzando en los si-guientes capítulos del libro. Allí están los 6 elementos y están colocados en una es-tructura que nos va a dejar ver como estos elementos varían y se interrelacionan.

Del diálogo variable entre estos elementos desprenderemos 6 claves para un ministerio juvenil efectivo. Seis dispositivos que al ser detonados correctamente pueden hacer explotar una expansión sana en tu ministerio juvenil.

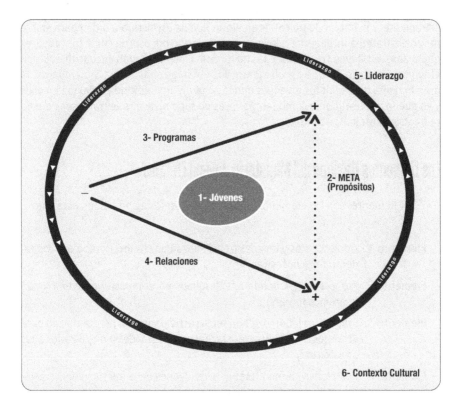

Las Víctimas

Ahora detengámonos unos minutos a conversar de las víctimas de nuestros ministerios. Si, los chicos... Al pensar en la presente generación un adulto no puede dejar de experimentar sentimientos confusos. Por un lado los jóvenes representan la energía, los sueños, las ganas y el futuro. Por el otro, como decía Mark Twain, a veces da ganas de meterlos en un barril y alimentarlos por un hoyo hasta que sean adultos. De hecho, eso es exactamente lo que muchas iglesias han pretendido hacer. Hace poco un pastor me decía sin la menor sospecha de que a mi me parecía una barbaridad lo que estaba diciendo, que los sábados tenían las reuniones para que los jóvenes se "entretengan" y los líderes en formación "practiquen." Y ojo, quizás te parezca muy descarado usar la palabra "entretenimiento." Usualmente no se usa, pero te hago una confesión: personalmente ya me estoy cansando de escuchar a cada

> Los jóvenes de hoy NO necesitan líderes que "practiquen" con ellos mientras se van preparando para su carrera de política ministerial.

músico cristiano decir que no está en el escenario para entretener. Yo no tengo ningún problema con el entretenimiento. Creo que en cada reunión debe haber buen entretenimiento y obviamente todo lo que tiene que ver con la música tiene la posibilidad de serlo. De hecho lo hay, solo que nos da demasiado miedo llamarlo así. Mi problema con lo que me dijo este pastor era la visión del ministerio juvenil que había dejado asomar. Definitivamente el ministerio juvenil no se trata de entretener a los jóvenes para que mientras pasan por la adolescencia no se metan en problemas y menos que menos se trata de una práctica hacia el ministerio "en serio." Siempre digo en broma, pero también en serio, que no podemos pensar que el ministerio más trascendente es aquel que se hace con personas que solo cambian por milagro como es el caso de los adultos... Los jóvenes de hoy NO necesitan líderes que "practiquen" con ellos mientras se van preparando para su carrera de política ministerial. Ellos necesitan líderes que tengan la suficiente visión como para entender que el ministerio juvenil no se trata de tenerlos adentro de un barril llamado templo para darle comida llamada Biblia por un hoyo llamado predicación de micrófono.

Este es un libro acerca de alcanzar y discipular a una generación que va alterar la historia de la tierra y necesita urgentemente a Jesucristo ahora. Esta es la generación de la multimedia, del ciberespacio y del pensamiento mosaico: la posibilidad de captar varios mensajes al mismo tiempo y construir las ideas como ninguna generación lo hizo antes. Una generación que no puede ser tipificada tan fácilmente como las generaciones del siglo pasado. En los capítulos que siguen vamos a hablar de posmodernidad pero déjame decirte algo ahora: esta no es la generación X, Y ni Z. Ni siquiera es la de los mileniales como pronto podrás escuchar en casi todas las universidades de sociología de Hispanoamérica. Esta es la generación del vitró. La de una infinita cantidad de piezas diversas que se entrelazan al mismo tiempo en la capilla de la globalización. Por eso en este libro vamos a conversar de las tendencias generales y de los cambios que estamos experimentando en la sociedad de hoy, y tengo el anhelo de que tu puedas concentrarte en "tus víctimas", los jóvenes a los que Él te llamó, y los tengas presentes al pensar en cada idea que conversemos en estas páginas.

> Esta es la generación del vitró. La de una infinita cantidad de piezas diversas que se entrelazan al mismo tiempo en la capilla de la globalización.

Al referirme a los jóvenes lo hago en especial pensando en lo que comúnmente es considerado la adolescencia hasta que se gradúan de adultos jóvenes. Es decir, a aquellos jóvenes que se encuentran entre los doce y aproximadamente el fin de la universidad.[2] Claro que vamos a conversar de todas las edades y particularmente vamos a notar las enormes diferencias que hay en ambos extremos. Pero aunque los términos jóvenes y adolescentes se usen indistintamente en diferentes oportunidades, son mayoritariamente los adolescentes el eje de esta investigación y la masa protagonista del ministerio juvenil de hoy.

Se que al pensar en adolescentes más de un líder se asusta. Piensan: bueno a mi me gustan los más grandes porque ellos se saben portar mejor en las reuniones y me puedo comunicar mejor con ellos. Claro, vaya novedad. Cuanto más grande un joven es, por regla general debería ser más maduro y poder relacionarse mejor con su medio ambiente. La mayor parte de las iglesias tienen actividades o programas para los jóvenes más grandes pero descuidan a los que están en edad secundaria. Y lo entiendo. Quizás alguna vez te pasó como a mi. Llamaste a un adolescente por teléfono y descubriste lo que verdaderamente era un monólogo:

L: ¡Hola Juan!

J: ¿Quién habla?

L: Lucas

J: (silencio) ¿qué Lucas?

L: el pastor

J: mmhe... (crece el nerviosismo de ambos lados)

L: ¿Llegas recién de la escuela? ¿Qué hiciste hoy?

J: Nada

L: mmm, ¿y ahora qué vas a hacer?

J: Nada

L: Ah ¿y el sábado? ¿qué vas a hacer el sábado?

J: Nada

> Hay toda una sociedad de consumo que está orientada hacia ellos y definitivamente son ellos los que tienen más posibilidades de hacer cambios en sus habitos, carácter, identidades y futuros.

Aprendiste la actividad más popular entre los adolescentes varones: "nada." Pero hay toda una sociedad de consumo que está orientada hacia ellos y definitivamente son ellos los que tienen más posibilidades de hacer cambios en sus hábitos, carácter, identidades y futuros. Por eso es indispensable reconocer los elementos de un ministerio juvenil inteligente y ponerlos en su lugar para ser efe ctivos.

---

2   Hay distintas discusiones de a qué edad termina la adolescencia. Los que ponen la barra más abajo señalan el fin de la secundaria mientras los que la ponen más arriba mencionar hasta los veinticuatro o veinticinco. Este estudio coloca la barra en los veintiuno teniendo en cuenta a esa edad son considerados adultos por la ley de la mayoría de los países y por ende hay un dramático cambio de obligaciones.

Las 6 Claves del Ministerio Juvenil Efectivo

Las seis claves tienen que ver con poner los elementos a trabajar como engranajes. Aquí están

CLAVE 1 — Entender las cuestiones íntimas del desarrollo

CLAVE 2 — Enfocarse en la gran meta y los propósitos del ministerio juvenil

CLAVE 3 — Definir programas acertados

CLAVE 4 — Trabajar relaciones significativas

CLAVE 5 — Ejercitar el liderazgo apropiado

CLAVE 6 — Hacer contacto con la cultura que queremos afectar

1. Los adolescentes y jóvenes son el eje, el engranaje central. El ministerio es a ellos y para ellos. No es para satisfacer mis necesidades personales. No es para hacer carrera hacia el ministerio en serio. No es porque alguien tiene que hacerlo porque siempre se hizo ni porque el pastor manda. Lo que a ellos les sucede tiene que estar en el centro de nuestros intereses si queremos ser líderes juveniles efectivos.

2.   Los ministerios juveniles efectivos saben a dónde se dirigen. Tienen metas y objetivos. Se han detenido a pensar en qué es lo que Dios pretende de ellos y se lanzan a cumplir su parte en el propósito general de la Iglesia de Cristo sin importar el precio.

3.   Los ministerios que funcionan establecen estrategias apropiadas para conseguir los objetivos. Dejan de lado los "siempre se hizo así" y los reemplazan con métodos pertinentes para un espacio y un tiempo determinado. Paran la rueda de la inercia y evalúan cuál es el mejor medio para llevar a los jóvenes y adolescentes a la madurez en Cristo y el crecimiento de la Iglesia.

4.   Los ministerios juveniles efectivos trabajan inteligentemente las relaciones. Reconocen el estilo de discipulado del mismo Cristo. Tienen líderes dispuestos y disponibles que hacen contactos personalizado con las necesidades de los jóvenes y generan una atmósfera de aceptación y amistad entre la juventud.

5.   Los ministerios sanos tienen líderes sanos que ejercitan apropiadamente los distintos estilos de liderazgo para poner claro los propósitos, establecer los programas y cultivar las relaciones buscando el bien común. Están íntimamente conectados a Cristo y trabajan en sus vidas ciertas características que son apropiadas para el ministerio juvenil.

6.   Los ministerios juveniles efectivos son relevantes para la cultura de los jóvenes. Saben diferenciar lo que es central y lo que es periférico del evangelio y entablan diálogo con lo que la juventud vive fuera de la frontera de los templos con el fin de hacer un evangelismo y un discipulado cada vez más efectivo.

Hoja de Trabajo

1. ¿Cuáles son los elementos básicos del Ministerio Juvenil?

2. ¿Por qué se llaman variables?

3. ¿Cuáles son las 6 claves de los ministerios juveniles efectivos?

4. Una frase que me impresionó de este capítulo es...

5. Mencionar 3 ideas de cómo se implementaría el contenido de este capítulo desde tu posición entre la juventud

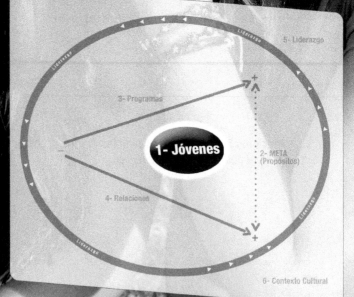

Entender las Cuestiones íntimas del Desarrollo

3- Programas

5- Liderazgo

1- Jóvenes

2- META
(Propósitos)

4- Relaciones

6- Contexto Cultural

Los Cinco Carriles del Desarrollo

"Todas las crisis tienen sus peligros y sus oportunidades"
Martin Luther King

Cada etapa de la vida tiene sus únicas características y sus más peligrosos desafíos. La adolescencia y la juventud no son la excepción. Durante la adolescencia los seres humanos empezamos a definir una identidad única e independiente de nuestros gestores o de los primeros referentes si los padres de sangre han estado ausentes. La identidad se convierte en el objetivo del desarrollo. Cuerpo, intelecto, experiencias y reacciones, relaciones y un sentido de trascendencia son las avenidas por los que corre la maduración hacia la meta de definir a un individuo independiente.

Si deseas desarrollar una pastoral juvenil efectiva es indefectiblemente necesario detenerse a considerar las características y necesidades propias de la edad depositaria del ministerio juvenil ¿Qué les sucede por dentro? ¿Cómo funcionan en su psiquis de acuerdo a su desarrollo? ¿Por qué manifiestan sus emociones de esa manera? Son preguntas importantes para quienes desean desarrollar un ministerio efectivo. Es muy fácil catalogar a los adolescentes por lo que les sucede por fuera. Cómo se visten, que palabras usan y a dónde les gusta salir de noche suele ocupar la atención de los adultos desplazando estas cuestiones más importantes y al fin al cabo las que producen que los adolescentes hagan lo que hacen. Me imagino que estarás recordando tantas oportunidades en que viste como se juzgaba a algún chico simplemente por lo aparente.

> Es muy fácil catalogar a los adolescentes por lo que les sucede por fuera.

La adolescencia se trata de "adolecer," de experimentar el dolor de crecer en cada área del desarrollo en búsqueda de definir a un individuo maduro. La adolescencia y también la juventud son una avenida de transición que va desde la niñez a la adultez, y esta avenida tiene cinco carriles principales:

> La adolescencia se trata de "adolecer," de experimentar el dolor de crecer en cada área del desarrollo en búsqueda de definir a un individuo maduro.

- Físico
- Intelectual
- Emocional
- Social
- Espiritual

En cada uno de estos 5 carriles hay factores propios de la etapa que son muy importantes para empezar a entender a nuestros jóvenes y empezar a evaluar las mejores maneras de liderarlos.

Físico

La pubertad marca el ingreso a la adolescencia. Del latín "pubescere" la palabra indica la aparición del bello púbico. Suena la alarma biológica y despiertan los órganos genitales. Niñas y niños sorprendidos se llenan de curiosidad por saber qué les esta pasando. Es un hecho biológico que la pubertad llega cada vez a edad más temprana. Lo que documentos señalan que hace siglos ocurría a los quince o dieciséis, hoy ocurre a los once o doce años de edad. De todas maneras el tiempo para este evento varia de persona en persona además de la diferencia de tiempo entre niñas y niños. El cuerpo empieza a dejar su aspecto aniñado y comienza a tomar formas adultas. En las niñas se ensanchan las caderas y en los varones los hombros. Aunque el vértice de la adolescencia es el desarrollo sexual, también cambian la voz y sobre todo se crece en estatura a partir de elongaciones en el esqueleto.

Pero los cambios externos que ocurren en la adolescencia son iniciados por dentro en el sistema endocrino. El proceso empieza cuando el hipotálamo, parte del cerebro, instruye a la glándula pituitaria a activar las glándulas suprarrenales y a las gónadas (ovarios o testículos). Las gónadas producen testosterona en los varones y estrógeno y progesterona en las mujeres que son los responsables de la diferenciación del sistema reproductivo y en el caso del estrógeno y la progesterona son responsables de regular el ciclo menstrual.

También el ambiente y circunstancias afectan el desarrollo físico:

"Muchos factores afectan el crecimiento y el desarrollo físico. Entre los contribuyentes biológicos, el genotipo, la maduración y las hormonas. Pero también una adecuada nutrición, buena salud, y estar librados de traumas emocionales prolongados son necesarios para asegurar normal crecimiento y desarrollo." [3]

> La posibilidad de reflexionar en abstracto sumada a la de no tener fuertes juicios basados en la experiencia, es la formula justa para una edad de aventura intelectual.

El cuerpo es la parte siempre visible de quienes somos y las alteraciones que se van sufriendo en la adolescencia son parte de una batalla con consecuencias importantes. Todos estos cambios muchas veces resultan en problemas de coordinación, especialmente en varones "pegando el estirón," en alteraciones en la alimentación ya sea comer por demás o comer menos de lo apropiado o en erupciones en la piel, debidas a la actividad glandular. Lo físico adquiere una importancia que no tenía ni volverá a tener y esto se traduce en hiper-sensibilidad a cada signo de cambio aunque sea un nuevo granito.

Intelectual

El desarrollo en este carril se inicia con la aparición del pensamiento abstracto. Jean Piaget lo pone en estos términos: *"La gran novedad resultante (de la adolescencia) reside en la novedad de manipular ideas, en lugar de limitarse a manipular*

---

3   (Shaffer 1989:182)

objetos." [4] Si bien este área va a tener que ver mucho con la emocional debido a que el pensamiento abstracto esta caracterizado por la reflexión en las propias emociones, tiene sus propias señales y facetas. El pensamiento abstracto es la posibilidad de reflexionar en cosas inmateriales. Los niños y niñas que convivían primordialmente con lo que veían y tocaban, empiezan a cuestionarse acerca del mundo que no ven. En el intelecto es donde se fundan las conclusiones fundamentales que van a regir el accionar de tus jóvenes.

Algunos denominan este carril como el "área cognitiva."[5] Los adolescentes sanos se mostrarán curiosos, inventivos y abiertos a nuevas ideas. La posibilidad de reflexionar en abstracto sumada a la de no tener fuertes juicios basados en la experiencia, es la formula justa para una edad de aventura intelectual. Por eso es que se conoce a los adolescentes como dispuestos a soñar y a la vez criticones. Dos características que a los líderes no nos gustaría que fueran de la mano. Es que para el desarrollo intelectual del adolescente es necesario también el "pensamiento crítico," esa manía que tiene la mayoría de los adolescentes de cuestionar todo y hacer planteos difíciles (claro si es que los dejamos expresarse naturalmente). La argumentación del adolescente tan temida por el adulto no es ni más ni menos que el pensamiento crítico en desarrollo. Los adolescentes tienen mucho respeto por la verdad y bien motivados la búsqueda de la misma será toda una aventura. Adquirir conocimientos, elaborar juicios de valor, la formación de conductas morales y la evaluación ética son todos aspectos del desarrollo intelectual que, aunque relacionados con las otras áreas, se basan en la posibilidad de razonar y mis amigos – es tan importante que los líderes facilitemos este desarrollo.

Emocional

Alguien inmaduro buscando saber si tiene valor, sufre cambios extremos en sus sentimientos. Primero que todo no sabe a quién creerle. Las preguntas (y respuestas que muchas veces encuentran) acerca de la identidad y el valor propios originan intensas y contradictorias emociones. Inseguridad, timidez, arrojo, ansiedad, hostilidad, miedo, vaivén entre superioridad e inferioridad, frustración, enamoramiento y otras emociones cobrarán gran intensidad acompañando a los jóvenes durante todo el camino hacia la adultez. Una pregunta importante: ¿cómo debería darse el desarrollo lógico de esta etapa? De una dependencia pura en las emociones los jóvenes deberían ser acompañados a un mayor uso de la razón ante los distintos estímulos y a una mejor comprensión de sus propios sentimientos.

> De una dependencia pura en las emociones, los jóvenes deberían ser acompañados a un mayor uso de la razón ante los distintos estímulos y a una mejor comprensión de sus propios sentimientos.

---

4   (Piaget 1977:49)

5   Por ejemplo John Dettoni en los apuntes de clase de "Filosofía y modelos de ministerio juvenil."

En el universo interior de los jóvenes varias necesidades emocionales cobran el status de urgentes. Sentirse amados, útiles, atractivos, respetados nunca "se sintió" tan importante. Y es bueno saber que la posibilidad de satisfacer o no estas necesidades determinará los extremos emocionales de tus jóvenes. Por eso es que la transición entre depresión y momentos de euforia se hace tan común. Termina un campamento y están en el cielo pero al siguiente fin de semana está enamorados de la persona equivocada. Tan extremas se tornan las emociones que ellos mismos luchan por tomar control y es en esta lucha que muchas veces aunque no logran controlar sus emociones aprenden a manipularlas a corto plazo. Placer, deseo, consumo, drogas y vicios todos tienen que ver con esta realidad

Estabilidad, control, aceptación y regulación son los objetivos a lograr en el desarrollo emocional de los adolescentes. Por este carril los jóvenes desarrollan los sentimientos hacia ellos mismos y hacia el prójimo y aprenden a lidiar con esos sentimientos. Este es el área en que se hace más notorio que la adolescencia es un tiempo de hiper sensibilidad y los buenos líderes son conscientes de estas cuestiones para saber cómo abordar a sus jóvenes. Un dato importante también es que sabiendo esto los líderes podemos ajustar mejor nuestras expectativas y no decepcionarnos tanto cuando nuestros jóvenes se nos van tan rápido del cielo al pozo.

> La manera en que puedan aprender a relacionarse durante esta etapa determinará mecanismos en su conducta, en sus respuestas emocionales y en su confianza para empezar nuevas relaciones y variarlas cuando sean adultos.

Social

Este es el área de la interacción de los individuos con su medio, con sus pares y con aquellos que son diferentes. El ser humano es un ente social debido a que solo en un contexto puede definirse y la juventud es la edad en que los terráqueos verdaderamente nos vamos amoldando a cómo funcionan las ciudades de este planeta. La niñez es una etapa de protección donde el contacto social esta delimitado por la voluntad de los padres, mientras que en la adolescencia la familia cede la preponderancia que hasta ahora tenía a otros vínculos y medios donde los jóvenes se desenvuelven. En estos nuevos medios y vínculos se dan nuevas preguntas y se da la practica de distintos roles para encontrar el propio lugar.

Por este carril del desarrollo se corre la carrera de la convivencia y la adaptación. Las preguntas ¿Quién soy? ¿Me veo bien? ¿Quién quiero ser? ¿Qué piensan los demás de mí? Son las cuestiones en juego detrás de las relaciones y grupos que los adolescentes forman. La aceptación de los compañeros es parte obvia de la película y hasta puede ser de gran beneficio para el desarrollo, aunque mucho de lo que trae consigo sea fuente de molestia y ansiedad para los adultos. La aceptación y el reconocimiento de un grupo proporcionan apoyo al titubeante adolescente que aún se siente poco confiado para desenvolverse por si mismo, en forma independiente de su familia, que está tratando de adaptarse a su sexualidad y quiere desarrollar su habilidad para pensar y formar su propia identidad. Los líderes no podemos olvidar que la manera en que puedan aprender a relacionarse durante esta etapa determinará mecanismos en su conducta, en sus respuestas emocionales y en su confianza para empezar nuevas relaciones y variarlas cuando sean adultos. La autonomía y madurez necesarias para que los individuos puedan habitar en cooperación con sus pares son las perlas que los adolescentes buscan mediante el proceso de ensayo y error con que manejan sus relaciones. El aula, el patio de recreo, el club, el grupo de adolescentes de la iglesia, las casa de algún amigo o la esquina de siempre son los escenarios donde practican su manera de relacionarse con este mundo en el que quieren encontrar su lugar.

Presión de grupo, pertenencia, vocación, ética, valores, cultura, modelos son todas variables por donde lo social toma su parte en la búsqueda de la identidad y de eso vamos a seguir conversando más adelante.

> Los jóvenes que se desarrollan espiritualmente tienen más posibilidades de ser sanos emocionalmente, ser agentes positivos en la convivencia social, sentirse seguros en el desarrollo de su intelecto y también encontrar equilibro orgánico con más facilidad.

Espiritual

Cristianos o ateos los seres humanos tenemos un área espiritual que nos fue dada por Dios desde el taller de diseño. ¿Qué sucede en esta área durante la adolescencia? Buenas noticias: Aún el adolescente que viene del círculo más agnóstico o anti religioso se hace preguntas acerca de su trascendencia. En algún momento están en sus camas mirando el techo y se preguntan si en verdad no hay algo más allá. Hay un vacío y una sospecha que sienten como nunca en esta etapa ya que identidad y propósito crean una ecuación sin resultado si no se responde al área espiritual.

Identidad, libertad y verdad son tres palabras claves para los adolescentes y también para la Biblia. Todos los que han escrito y estudiado la temática juvenil prestan atención a estos tres conceptos. Curiosamente para algunos, los tres temas encuentran eco en la Biblia e íntimamente relacionados al igual que en la etapa adolescente. Cuando Jesús le dijo a algunos judíos: "Si vosotros permaneciereis en mi palabra, seréis verdaderamente mis discípulos; y conoceréis la verdad y la verdad os hará libres" (Juan. 8:32). Estaba ligando a las tres. La verdad de la nueva identidad en Cristo que obtiene el cristiano nacido de nuevo lo libera de las ataduras que niegan la vida espiritual y le abren la posibilidad de desarrollarse también en esta dimensión. La búsqueda de verdad es una búsqueda de Dios porque Él es la verdad (Juan. 14:6), la búsqueda de libertad es una búsqueda de Dios porque Él es el Señor (Filipenses 2:11, 1 Timoteo 6:15) y la búsqueda de identidad es una búsqueda de

Dios porque Él es el creador (Isaías. 42:5).

El desarrollo en cada área estimula el desarrollo de las otras áreas. Por eso los jóvenes que se desarrollan espiritualmente tienen más posibilidades de ser sanos emocionalmente, ser agentes positivos en la convivencia social, sentirse seguros en el desarrollo de su intelecto y también encontrar equilibro orgánico con más facilidad.

para uso personal o equipo de trabajo

1. ¿Por qué es importante considerar las características del desarrollo adolescente para hacer una pastoral juvenil efectiva?

2. Resume en breves palabras qué es lo que ocurre en los cinco carriles:
   Físico:_____
   _____
   _____

   Intelectual:_____
   _____
   _____

   Emocional:_____
   _____
   _____

   Social:_____
   _____
   _____

   Espiritual:_____
   _____
   _____

3. ¿Cuál es el impacto que puede traer al ministerio identificar claramente qué es lo que los jóvenes están experimentando en su camino a la madurez?

4. Identifica al menos un componente concreto de tu ministerio que debe cambiar o mejorar a consecuencia de lo que ocurre en los carriles del desarrollo. ¿Qué puedes hacer al respecto?

www.especialidadesjuveniles.com

Las Cinco Necesidades Fundamentales

*"Cuando nos damos cuenta de que
estamos ante una obra de arte lo primero
que hacemos es rendirnos.
Observamos. Escuchamos,
tratamos de entender"*
C.S. Lewis

En mis primeros años de ministerio juvenil solía hacerme algunas preguntas demasiado simplistas respecto a mi trabajo. Por ejemplo: ¿Cómo puedo hacer que los jóvenes de mi iglesia estén contentos? O ¿Qué puedo hacer para que las reuniones estén mejores? No es que estas preguntas sean esencialmente malas, sino que denotaban que no tenía una cabal idea de cuál era mi función, y menos mostraban que los jóvenes ciertamente estaban en el centro o eje de mi filosofía de lo que estaba haciendo. Al pasar los años me di cuenta que lo que sucedía era que esas preguntas estaban fuera de tiempo. Había otras cosas que responder primero.

Nunca había pensado en la siguiente gran pregunta: ¿Qué necesitan los jóvenes para llegar a ser adultos maduros? Con la posibilidad de viajar y ver a distintos líderes exitosos me di cuenta que esta era una pregunta determinante. Me desperté al hecho que después de responder a esta pregunta recién podíamos ir a la cuestión de programas, estrategias y reuniones. Esto es precisamente lo que juntos estamos haciendo en este libro y sugiere el diagrama que vamos a estar siguiendo. Si crees que los siguientes 5 puntos los tienes claros te invito a saltear el capítulo e ir directamente a los de la clave que te hace falta. Pero por favor, asegúrate que te sabes bien esto.

La pregunta: "*qué necesitan los jóvenes para llegar a ser adultos maduros*" (y podemos agregar en Cristo) tiene una respuesta de cinco componentes.

1. Definir sentido de identidad
2. Ganar independencia
3. Relaciones significativas
4. Cultivar valores sanos
5. Descubrir o reforzar vocación[6]

Ahora analicemos el diagnóstico.

Definir Sentido de Identidad

Avanzada la pubertad surge el gran interrogante: ¿Quién soy?

El matrimonio Devries define muy bien que:

Cada persona es única, como resultante de una confluencia de factores que la distinguirán del resto, que le darán un sesgo particular, en una momento dado de la

---

6   Es interesante notar que si bien estos 5 elementos aparecen mencionados con distintas palabras por otros autores, casi no hay ningún libro serio del desarrollo de la adolescencia que no coincida en lo fundamental respecto a estos puntos.

historia del mundo, del país en que nace y de la propia familia. [7]

Sin dudas los seres humanos nacemos con una herencia genética, familiar y cultural. Pero si bien llegamos con este paquete, todos tenemos nuestras propias características que van a definirnos. Por ejemplo, en el aspecto físico Laura puede tener los ojos verdes del padre y la nariz de la madre pero sus huellas dactilares son únicas. Si a eso le sumamos que es Dios quien nos da el espíritu entonces podemos descansar tranquilos de que somos imposibles de clonar. El sentido de identidad supera lejos a las características físicas y aún a las emocionales o intelectuales. Es ni más ni menos que una compleja obra de arte y por eso "encontrarse" no es tan obvio para nadie. Todos corrimos o seguimos corriendo en la carrera de definir quienes somos y qué hacemos aquí pero nunca esa carrera es tan intensa como en el paso de la adolescencia a la juventud.

Es importante notar que en la búsqueda de identidad se efectúa una experimentación que suele resultar muy conflictiva en la adolescencia. Muchos de los problemones que surgen en este proceso se dan cuando al no tener una identidad definida, los adolescentes se buscan a sí mismos en el ejercicio de roles antagónicos o en una constante búsqueda de aprobación. Recuerda tu propia adolescencia y esos momentos en que tratabas de encontrarte en el espejo. Recuerdas como te importaba la aprobación de algún grupo de amigos y cuánto pesaban ciertas palabras de personas que considerabas importantes.

A veces la escena se ve algo así: En un momento la mujer fatal del colegio y al siguiente la suave chica espiritual del grupo de la iglesia. El muchacho ensaya ser el play-boy auspiciado por los medios de comunicación y otro día el mejor alumno ansiado por los padres.

Mientras los adolescentes experimenten este tipo de dilemas, es lógico que expresen disgusto y disconformidad con casi todo y muchas veces utilicen distintos mecanismos de adaptación para exteriorizar sus sentimientos interiores. En el libro "Adolescentes, como trabajar con ellos sin morir en el intento" incluí una buena lista de estos mecanismos que ahora solo voy a enumerar.[8]

- Agresión.
- Compensación
- Identificación
- Racionalización.
- Egocentrismo
- Evasión
- Fuga en la enfermedad.

---

7 (Devries y Devries 1995:23)

8 De Editorial Certeza.

Todos artilugios que lo seres humanos usamos en la juventud para poder "encontrarnos."

Un claro sentido de identidad es vital para un crecimiento y una maduración sanos. Es que aquello que creemos de nosotros mismos en gran manera determina qué es lo que hacemos. Alguien que cree que es una basura no tendrá ningún problema en meter porquerías en su mente y en su corazón. Alguien que no sabe quién es, puede ser tan inestable que todos lo días está casi al borde de poder cometer un error con consecuencias graves. Ahora de nuevo algo que mencionamos en el capítulo anterior: es imposible encontrar la verdadera identidad sin preguntarle al creador. La Biblia está llena de increíble información respecto a lo que Dios cree de nosotros y el propósito para el que nos creó. Por eso los cristianos decimos que la respuesta suprema a la gran necesidad humana es Cristo. Su persona nos dice cuanto nos ama Dios y su vida en la tierra y sus enseñanzas nos dicen cuál es el plan maestro para la vida de nuestros jóvenes. Pero fíjate bien el orden: Cuanto nos ama Dios primero y luego qué es lo que quiere que hagamos y cómo. La identidad es una cuestión sobre la que debemos volver constantemente en nuestra selección de temas para hablar con nuestros jóvenes y también tenerla en cuenta en nuestra perspectiva al abordar una situación de consejería. Atrás de muchas preguntas respecto a noviazgo, Biblia, sus padres, la escuela y demás, la verdadera pregunta es ¿Quién soy?

> Aquello que creemos de nosotros mismos en gran manera determina qué es lo que hacemos.

Ganar Independencia

En la niñez todo dependía de los padres. Ellos decidían a dónde, qué, cuándo, cuanto, con quién y cómo. Pero ahora eso cada vez se les va haciendo más difícil. Noticia: ¡Eso está muy bien! Si queremos jóvenes (o hijos) que lleguen a ser adultos maduros tienen que aprender a ser cada vez más independientes. Prolongar un estado "ideal" de dependencia no sería más que impedir la maduración de los hijos. Lo mismo ocurre desde la perspectiva del liderazgo juvenil. Hasta que llegan a la adolescencia los maestros de escuela dominical le dicen a los jóvenes lo que creer y ellos no tienen mucha alternativa. Pero amanece la juventud y cambia la novela. Nos guste o no, los jóvenes empiezan a desprenderse progresivamente de los padres (y aún de los líderes de la iglesia) y nuestra tarea no es impedirlo sino conducir ese proceso hacia buen puerto. La maduración física conlleva a la motriz, la intelectual a la espacial y la emocional a sentirse seguros sin la mirada de nadie más. Los jóvenes se mueven naturalmente con otra libertad que no tenían de niños y pronto entran en ambientes donde sus padres no tienen acceso directo. En esos ambientes adquieren una nueva aptitud, comparan familias, hábitos, valores y estilos de vida. Se miran a si mismos y su cuerpo indica que ya son adultos por lo que quieren todos los derechos que los adultos tienen. La cuestión de los límites se convierte en objeto de negociación y discusión constantes. Es que, como escribe Daniel Rota en Bases para el Ministerio Juvenil: "Adquirir identidad es pasar de conductas dirigidas a conductas autodirigidas, en las que hacen decisiones por ellos mismos, estableciendo de esta manera una forma de vida adulta."[9] El problema es si pretenden todos los derechos de la vida adulta pero todavía no están preparados para asumir todas las responsabilidades. Quizás esta sea la necesidad de los adolescentes que más le cueste a los padres (e insisto: a muchos líderes). Existiendo un orden anterior donde los limites estaban ya claros es difícil resignarse a tener que alterar ese orden. Pero el proceso de ensayo y error lo requiere y por años se escucharán los constantes reclamos. Como conversaremos más adelante, los líderes juveniles podemos participar de este proceso ayudando a cada parte a entenderse mejor y sobre todo debemos ser conscientes de que nuestra tarea es ayudarlos a ganar independencia y no retrasarles el proceso.

> El problema es si pretenden todos los derechos de la vida adulta pero todavia no están preparados para asumir todas las responsabilidades.

Otro factor de la independencia es la privacidad. Mientras que los padres conocen todo de los niños, a los adolescentes se hace difícil seguirles el paso. Encerrarse en el cuarto, bajar la voz cuando hablan por teléfono, cerrar cosas con llave y llevar agendas personales que rozan lo místico también tiene que ver con la búsqueda de una identidad autónoma y un sentimiento de independencia y los líderes nos beneficia ser respetuosos de esto.

Relaciones Significativas

La tarea de encontrar la identidad, a la vez que procurando independencia en medio de tantos cambios y sensaciones nuevas, no es tarea fácil. Por eso compañeros de la misma edad, personas ajenas a la familia y personajes de los medios pasan de ser extras a protagonistas principales en la película de los adolescentes. Para desarrollarse en el carril de las emociones, el intelectual y sobre todo el social los adolescentes empiezan a buscar ejemplos de lo que están buscando. Mapas de referencia con los cuales identificarse. Columnas que los sostengan mientras se sienten inseguros de si. Por eso es tan común que los adolescentes actúen en banditas, clanes cerrados o pandillas. Es más fácil buscarse y luchar por la independencia y sobre todo la identidad, en grupo. Da tanto miedo no sentirse aceptado o ser diferente que no importa cuán tonto sea el corte de pelo, lo mal que queden ciertos pantalones o si el estilo de música que está de moda no es bienvenido en casa.

---

9   Publicado por la Juventud Evangélica Bautista Argentina.

Es en medio de esta etapa que más que nunca hacen falta "modelos." Personas en las cuales puedan ver las características reales de en quienes se quieren convertir. Siempre va haber cierto grado de fantasía en medio de su inmadurez y por eso los modelos reales deben competir con los modelos ficticios impulsados de los medios los cuales casi siempre son adultos que viven vidas de adolescentes (tienen todos los derechos sin que parezca que se hacen responsables de nada). Pero en esta etapa los jóvenes están perfectamente sensibles a personas que inteligentemente se acerquen a influenciarlos.

Una de las claves de las que estamos conversando en este libro se trata precisamente de la importancia de las relaciones cercanas y las increíbles posibilidades que ganamos si usamos bien de ellas. Por ahora es importante decir que luego de los padres, los líderes juveniles tienen la posibilidad de constituirse en la principal influencia en la vida de los jóvenes con el potencial de poder subsanar o compensar debilidades de la familia o errores de los padres y también poder convertirse en modelos mucho más relevantes que los de los medios. Nos demos cuenta o no, los adolescentes en formación están sacándole una radiografía a los adultos que tienen cerca: profesores de escuela, entrenadores, y otros familiares hacen también de espejo en los que los jóvenes se miran. Por eso los líderes efectivos comprenden que los jóvenes necesitan modelos que les ayuden en la elaboración de sus presupuestos morales y en la ejemplificación de cómo desempeñar ciertos roles sociales y usan esa necesidad para ventaja del Reino de Dios

> Tener relaciones significativas sanas y estables les creará a los jóvenes el ambiente propicio para ir reconociendo su personalidad, moldear su carácter y encontrar su vocación.

Tener relaciones significativas sanas y estables les creará a los jóvenes el ambiente propicio para ir reconociendo su personalidad, moldear su carácter y encontrar su vocación.

Cultivar Valores Sanos

La cuarta necesidad es la de desarrollar valores y actitudes sanos hacia la vida. Los jóvenes necesitan tomar ciertas decisiones interiores respecto de lo que está bien y está mal. Necesitan elaborar opiniones que no estén basadas solo en lo que hasta ahora le dijeron o en las consecuencias de si mamá, papá o los lideres de la iglesia se van a enojar. Necesitan tener la suficiente convicción como para hacer lo correcto aunque nadie esté mirando y no haya ninguna consecuencia evidente.

Un valor es un principio de conducta del cual se siente un fuerte compromiso intelectual y emocional que provee de un criterio para juzgar actos y metas específicas. Los valores son adquiridos en un contexto. Esto tiene que ver con el proceso de socialización del que hablábamos en el capítulo anterior. Al estar formando su identidad y practicando relacionarse con la sociedad, están delimitando cuáles van a ser los principios rectores de sus conductas. Mientras están en esta etapa ellos están resolviendo cuáles son sus valores principales y por ende están desarrollando su moralidad. El profesor de psicología Michael Berzonsky explica que *"cuando hablamos del desarrollo del razonamiento moral estamos tratando con la gradual y progresiva internalización de un grupo de reglas, valores, principios y estándares."*[10] Lo que debemos saber es que todos estos elementos van a formar parte fundamental de la personalidad, carácter y conductas por el resto de sus vidas por eso este es el momento justo de actuar.

> Necesitan tener la suficiente convicción como para hacer lo correcto aunque nadie esté mirando y no haya ninguna consecuencia evidente.

Pero es importante saber cuales son las fuerzas que condicionan la formación de valores. Las siguientes fuerzas alteran el ambiente con estímulos positivos y negativos produciendo la definición de los valores:

1. **Los medios masivos de comunicación**. Los generadores de opinión publica terminan por hacer fuertes definiciones acerca de lo que está bien, lo que está mal, lo que es esperable y lo que no.

2. **La familia**. El primer lugar donde los hijos observan las actitudes en los hechos es en el hogar. "El tipo de moral experimentada por varios adolescentes tiende a asociarse con los tipos de prácticas y disciplinas a que fueron expuestos por los padres."

3. **El factor cultural y socioeconómico**. Por ejemplo, Myers y Jones indican que *"Los adolescentes de las clases bajas suelen tener actitudes distintas de los jóvenes de las clase media con respecto a la propiedad, la violencia, la instrucción, el sexo y la religión".*[11] Una fuerte microcultura de un barrio de determinado nivel socioeconómico es una de las fuerzas que impulsará la formación de valores en la niñez y la adolescencia.

4. **La escuela**. Un lugar de encuentro social único donde se desenvuelve de común acuerdo el proceso de enseñanza-aprendizaje. Pero este proceso de enseñanza-aprendizaje no es solo teórico y enciclopédico sino social y moral.

5. **El grupo de pares**. Las relaciones significativas mencionadas anteriormente también acompañan el proceso de la formación de valores y muchas veces se convierten en la fuente principal. "El poder del grupo, especialmente de sus líderes, debe ser reconocido como la determinante máxima de las actitudes y de los valores de los adolescentes".[12]

---

10   Berzonsky, Michael D. 1981 Adolescent Development (Desarrollo Adolescente). New York: Macmillan Publishing Co., Inc.

11   (Myers y Jones 1984:97)

12   (Myers y Jones 1984:98)

6. **Las instituciones sociales**. Más allá de la escuela, las distintas profesiones religiosas y otras instituciones hacen definiciones u originan conductas que afectarán la moralidad social. También el gobierno a través de la creación de códigos legales y reglamentos establecerán criterios de definición de lo que está bien y está mal condicionando así los valores juveniles.

Todas estas fuerzas impulsarán el desarrollo de valores por parte de los adolescentes en alguna dirección. Ahora la gran pregunta ¿Cómo nos aseguramos que los valores sean sanos? Según leo en mi Biblia esa siempre termina siendo responsabilidad de la iglesia. Te acuerdas eso de la sal...Sin dudas que desde la perspectiva de alcanzar jóvenes con un ministerio efectivo es nuestra misión pasar los valores de Cristo a las nuevas generaciones. En los próximos capítulos vamos a seguir conversando de esto.

Descubrir o Reforzar Vocación

Un aspecto crítico de la búsqueda de la identidad es la cuestión de las futuras metas ocupacionales. ¿Qué quiero ser o qué tipo de trabajo quiero hacer cuando "crezca"? Berzonsky hace la pregunta: *"¿Qué clase de yo quiero ser?, ¿Qué talentos, habilidades, deseos e intereses yo poseo?"*

Obtener la confianza y la habilidad necesarias para desarrollar una carrera (vocación) en el futuro, es una de las necesidades fundamentales de los adolescentes. Es una necesidad que tiene varias variables en el proceso de enseñanza-aprendizaje en el que crece la juventud. Por ejemplo, la variable económica juega un rol determinante tanto en lo práctico como en lo psicológico. También la familia es muy importante. Ahora ¿Qué de la iglesia? ¿Nosotros no tenemos nada que decir respecto de la vocación? ¿Podemos hacer caso omiso a esta necesidad de cada ser humano? Los psicólogos y trabajadores sociales explican que "las oportunidades vocacionales suelen determinase situacionalmente." Por eso el medio donde un o una adolescente se desenvuelve determinará la cantidad de posibilidades que él o ella consideren. ¿Te empiezas a sentir más responsable? Bien.

> Obtener la confianza y la habilidad necesarias para desarrollar una carrera (vocación) en el futuro, es una de las necesidades fundamentales de los adolescentes.

Desde el punto de vista cristiano es importante considerar que Dios nos creó a cada uno para darle al mundo una especial fragancia. Nuestra vocación y proyecto de vida tiene todo que ver con lo que Dios quiere hacer a través nuestro. Tiene que ver con la extensión del Reino de Dios y con el sostenimiento de la obra de Cristo en la tierra además de cómo nuestros jóvenes van a sostener a sus familias, qué van a proveer a sus hijos y cuál va a ser su aporte social. Más adelante en nuestra conversación hablaremos de cómo ayudar con esta necesidad pero primero tenemos que identificarla claramente: los jóvenes tienen preguntas respecto a sus roles sociales futuros y nosotros debemos ayudarles.

Otra de las variables de esta cuestión es que los jóvenes cristianos se encuentran ante la necesidad de descubrir también sus talentos y dones espirituales para ponerlos ya mismo al servicio de la iglesia. Los dones con que el Espíritu Santo dota a cada cristiano son también muchas veces descubiertos en la adolescencia y juventud y ellos necesitan ayuda con eso.

Cambio de Marcha

Te habrás dado cuenta que las 5 necesidades corren por cada uno de lo carriles del desarrollo pero como la carrera es de larga distancia se mezclan y cruzan según las circunstancias. Todas tienen que ver con la identidad pero tienen su propias luces.

Conocer los carriles y las necesidades nos ayuda a identificarnos mejor con la juventud que queremos impactar y ser más sensibles al lugar en dónde se encuentran en este momento. Ahora cambiemos la marcha y conversemos de a dónde es verdaderamente que queremos llevarlos. ¿Por qué un ministerio juvenil? ¿Para qué te contrató Dios?

Hoja de Trabajo — Capítulo 3

para uso personal o equipo de trabajo

1. ¿Cuáles son las cinco necesidades fundamentales de la juventud?

2. ¿Por qué es vital un claro sentido de identidad?

3. ¿Cómo se relacionan identidad e independencia?

4. ¿Cuáles son las fuerzas que condicionan la elaboración de los valores y cuál debe ser la responsabilidad del liderazgo?

5. ¿Qué representa para la iglesia la necesidad que tienen los jóvenes de definir su vocación?

www.especialidadesjuveniles.com

Enfocarse en la Gran Meta del Ministerio Juvenil

2

Capítulo

La Gran Meta y los Propósitos del Ministerio Juvenil

"Mis caminos y mis pensamientos son más alto que los de ustedes. ¡Más altos que los cielos sobre la tierra"
Isaías 55.9

staba enseñando una materia de ministerio juvenil a una buena cantidad de pastores de jóvenes en un importante seminario de Centroamérica cuando le hice a la clase las siguientes preguntas: - *si ustedes tuvieran todos los recursos y permisos para hacer todo lo que sueñan con sus ministerios juveniles, ¿Qué harían?* – los dejé volar un rato para ir luego a la pregunta que yo más ansiaba hacer – *Ahora, sinceramente ¿por qué harían eso?* Las respuestas no me sorprendieron. Lo primero que se notó fue que si bien podían pensar en actividades e ideas alocadas tenían bastantes problemas en definir el por qué. Algunos soltaron algunos versículos pero lo más evidente es que cada uno había agarrado para el lado de su propios dones y preferencias personales. Los evangelistas citaban la gran comisión, los que estaban en la alabanza querían puras noches de celebración, los teólogos se veían construyendo un súper instituto para la juventud y los solteros querían incrementar las salidas y las noches de gala (no te rías). Este capítulo se trata de definir para qué debe existir un ministerio juvenil. Cuál debe ser el por qué detrás de lo que hacemos y sobre todo qué se supone que debemos conseguir.

Es casi imposible armar un rompecabezas sin la imagen de lo que se debe armar. Lo mismo ocurre con el ministerio juvenil. Si no sabemos lo que se supone que debemos lograr estaremos entreteniendo un programa que terminará consumiéndonos pero sin conseguir resultados perdurables en la vida de la juventud. Según la Clave 1, los ministros juveniles efectivos se dan cuenta que al fin y al cabo, el eje del ministerio juvenil es acompañar a los jóvenes de la niñez a la adultez siendo sensibles a sus necesidades más íntimas. Lo siguiente es llevarlos activamente en el camino que Dios trazó para sus hijos. Algo así como : "entiendo el quién y defino el a dónde."

Cada líder, maestra o pastor de adolescentes tiene una filosofía que acompaña el ministerio que hacen. No siempre lo saben y no siempre esa filosofía está ordenada de manera que pueda ser comunicada, pero como dice John Dettoni: "cada trabajador juvenil podrá responder al menos de manera embrionariamente racional por qué el o ella hacen lo que hacen en el ministerio de jóvenes."[13] Pero no es suficiente tener una idea vaga. Es necesario definir a dónde es que nos dirigimos para no perder tiempo paseando por programas que solo tienden a cumplir con costumbres o con las expectativas de personas que no entienden a los jóvenes ni de qué en verdad se trata el ministerio juvenil.

La Biblia es una fuente inagotable de dirección. A mi me fue muy revelador encontrar que un líder juvenil llamado Pablo hace una interesante declaración que resume una definición de la meta de su ministerio.

Pablo le escribía a los Colosenses:

A este Cristo proclamamos, aconsejando y enseñando con toda sabiduría a todos los seres humanos, para presentarlos a todos perfectos en Él. (Colosenses 1:28).

---

13   En <u>Introduction to Youth Ministry</u> (Introducción al ministerio Juvenil), Zondervan.

Aquí Pablo dice que él trabaja con el propósito de presentar perfecto en Cristo Jesús a todos los que él tiene la posibilidad de influenciar. Pero te confieso, de primera impresión no entendía lo de "perfectos". Por eso me ayudó descubrir que en el griego original la palabra traducida "perfectos" puede muy bien ser traducida "maduros" y esa es una palabra fantástica para el ministerio juvenil.[14] Precisamente de madurez y adultez venimos conversando hasta ahora

La Gran Meta: Madurez

La gran tarea del ministerio juvenil es acompañar a los jóvenes a la completa madurez. Esta madurez se desglosa en los 5 carriles del desarrollo: físico, intelectual, emocional, social y espiritual y desde la perspectiva del ministerio juvenil nuestro trabajo es ayudar a los jóvenes a ir saltando en estas áreas que muchas veces son como vallas hacia la madurez completa. Obviamente desde siempre nuestra primera prioridad en la iglesia ha sido la cuestión espiritual y está muy bien que así sea. Si tuviéramos que elegir dónde sembrar nuestras mejores semillas, mejor ponerlas dónde nadie mejor que nosotros va a sembrar. Pero lo cierto es que esa es una elección que en muy rara ocasión tendremos que hacer. Hoy por hoy la mayoría de los líderes juveniles pueden afectar concientemente todas la áreas del desarrollo. Pero hay una verdad todavía más crucial: es casi imposible dividir al ser humano en áreas. Las separamos con el fin de explicar todos los componentes del desarrollo pero la línea divisoria que separa todos los carriles es a veces gris y hasta a veces desaparece de la carrera. En el caso de lo físico es fácil hacer una distinción pero es muy difícil hacerla con las otras áreas.

La Madurez Espiritual

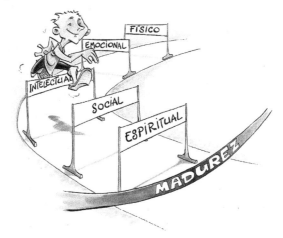

---

14   La Palabra es τελειοσ

Ahora vamos a los propósitos en el carril de prioridad UNO para la iglesia.

¿Qué quiere decir llevar a los jóvenes a la madurez en Cristo? ¿Cómo se distingue la madurez espiritual? ¿En qué pensaba Pablo cuando escribía "perfectos en Él"?

Rick Warren y Doug Fields de la iglesia de Saddleback señalan que basándose en las escrituras la iglesia debe estar enfocada en cinco propósitos eternos. Es en el cumplimiento de estos propósitos que puede evaluarse la madurez de una congregación y también de una persona. La fuente escritural fundamental de estos principios es conocida como el gran mandamiento y la gran comisión:

"Ama al Señor tu Dios con todo tu corazón, con todo tu ser y con toda tu mente – le respondió Jesús -. Este es el primero y el más importante de los mandamientos. El segundo se parece a éste: Ama a tu prójimo como a ti mismo. De estos dos mandamientos dependen toda la ley y los profetas." (Mateo 22:37-40).

"Por tanto vayan y hagan discípulos de todas las naciones, bautizándolos en el nombre el Padre, y del Hijo y del Espíritu Santo, enseñándoles a obedecer todo lo que les he mandado a ustedes." (Mateo 28:19-20).

Para ellos los principios fundamentales emergentes de estos versículos son:

1. Adoración
2. Ministerio
3. Evangelismo
4. Comunión
5. Discipulado

Hay un cantidad gigante de iglesias que han sido súper bendecidas al orientar sus ministerios al cumplimiento de estos propósitos. Pero si bien estoy muy agradecido a estos pastores que se han dejado usar por el Señor para bendecir a su iglesia, personalmente prefiero ver a la comunión no como un fin en sí misma sino como un medio. Claro que muy importante y por eso una de las 6 claves principales de este libro tiene que ver esencialmente con la comunión. La clave número 4 es: "trabajar relaciones significativas" y de eso se trata específicamente la comunión. La comunión es más bien una avenida por la cuál llegar a la adoración, al verdadero servicio, al natural evangelismo y a la obediencia.

Según puedo interpretar habiendo discutido con varios pastores y pensadores, logro ver cuatro propósitos principales:[15]

Estos son:

---

15   Incluyendo a Doug Fields con quién he hablado de estas diferencias.

1. **Adoración**: "Amarás al Señor tu Dios con todo lo que eres."
2. **Servicio**: "Amarás a tu prójimo como a ti mismo."
3. **Evangelismo**: "Vayan y hagan discípulos."
4. **Discipulado**: "Bautizándolos en el nombre del Padre, Hijo y Espíritu Santo, enseñándoles a obedecer."

El líder juvenil efectivo entiende que su tarea es acompañar a sus jóvenes a la madurez por las cinco áreas del desarrollo hasta ayudarlos a ser cristianos que amen a Dios, sirvan al prójimo, sean testimonio de Cristo a otros y aprendan a obedecer la voluntad de Dios para sus vidas.

Alguien es maduro espiritualmente cuando vive en actitud de adoración, sirve a sus semejantes, evangeliza naturalmente y sigue creciendo en obe-

> El líder juvenil efectivo entiende que su tarea es acompañar a sus jóvenes a la madurez por las cinco áreas del desarrollo hasta ayudarlos a ser cristianos que amen a Dios, sirvan al prójimo, sean testimonio de Cristo a otros y aprendan a obedecer la voluntad de Dios para sus vidas.

diencia mientras ayuda a otros a crecer en ella también... No se si te habrás dado cuenta pero muy probablemente la definición anterior no coincide con la definición de madurez más popular en el pueblo evangélico. Según los "santos evangélicos," la madurez espiritual tiene que ver con edad, conocimiento bíblico, activismo eclesiástico y experiencias para-normales conocibles por el resto en algunos círculos. Nosotros solemos medir la espiritualidad según patrones que nada tienen que ver con la verdadera convocatoria de Cristo en el gran mandamiento y la gran comisión.

Lo cierto es que la mayor parte de nuestros programas más bien originados en costumbres denominacionales, o en expectativas de las personalidades fuertes de nuestra iglesia, aunque tienen algo de estos propósitos en mente, suelen estar descompensados en alguna dirección. Algunas iglesias tienen un fuerte ministerio de alabanza y adoración pero poco y nada discipulado. Otras están muy fuertes en la comunión del grupo de jóvenes pero de evangelismo ni idea. Otras hacen bastantes actividades de servicio pero sus jóvenes no están bien conectados con el Rey, no existen la alabanza y adoración personales y los jóvenes no saben como expresar su amor a Dios sin que alguien les de manija desde un escenario.

Propósito 1. Adoración

Primero lo primero: todas las civilizaciones de la humanidad han hablado de servir y obedecer a su dios o dioeses pero solo una persona habló primero de AMAR a Dios con todo lo que somos porque Él nos ama con todo lo que es. Esa persona fue Cristo. Los líderes juveniles efectivos saben que el ministerio juvenil se trata de conectar a los jóvenes con este Dios amoroso que los ama hasta la muerte para que ellos al experimentar su amor también le amen con todo lo que son. Enseñar la Biblia, tener reuniones, hacer actividades religiosas y todo lo que se nos pueda ocurrir que participe de nuestra experiencia cristiana debe tener el fin claro de acercarnos a una mayor experimentación de quién es Dios. La adoración no se trata de cantar lento como repiten algunos, no es un estilo musical ni una nueva onda. La adoración se trata de aceptar la invitación a rendirnos continua y enteramente al Dios creador de todas las cosas.

> Los ministerios que enseñan y movilizan a los jóvenes a servir al prójimo son ministerios que desarrollan distintas capacidades en sus participantes, impulsan a la iglesia al crecimiento y hacen del cristianismo una fuerza relevante en sus medios de influencia.

Los líderes juveniles que sintonizan sus ministerios a los mandamientos de Cristo trabajan para levantar adoradores. El mismo Jesús nos recordó que Dios todavía está buscando adoradores que lo adoren en espíritu y en verdad (Juan 4:23-24) y al ser maestros y líderes de este generación nosotros debemos trabajar para presentar esta clase de adoradores a nuestro Señor.

Propósito 2. Servicio

La consecuencia directa de amar a Dios es amar lo que él ama. Por eso el gran mandamiento dice que debemos amar a nuestro prójimo como a nosotros mismos. Jesús dijo que esa sería la gran señal del cristianismo (Juan 13:35) y Juan nos exhortó diciendo que nos podemos decir que amamos a Dios si no amamos a nuestros hermanos que vemos en necesidad (1 Juan 4:20). Alguno me querrá decir: - ¡Alto Lucas, el tema era el servicio no el amor! Y eso evidencia el problema que tenemos en la iglesia con el servicio. Por alguna razón donde es obvio presentir que el diablo metió la cola, la mayoría de los cristianos tienen un divorcio entre el servicio y el amor en su comprensión de ambos. Te doy un ejemplo: la última noche o prédica de la mayoría de los congresos juveniles suele tener un fuerte llamado a la consagración donde si prestas detenida atención te vas a dar cuenta que el llamado es a un mayor compromiso

> El propósito del evangelismo no se trata simplemente de encontrar el mejor programa para evangelizar a esta generación. Se trata de "criar" evangelistas.

con las actividades del templo pero no necesariamente a un mayor compromiso con servir a las comunidades que nos rodean.[16] Cuando hablemos de los programas en relación a los propósitos vamos a insistir conversando de esto. Por años la iglesia ha limitado el "servicio" a las actividades de manutención de lo que ocurre adentro del templo y cuando los jóvenes piensan en "servir a Dios" entienden que hacerlo se trata de manejar bien un micrófono, tocar teclado o guitarra en un escenario, enseñar Biblia en la escuela dominical o irse al África de misiones.

Los líderes efectivos entienden que el servicio tiene que ver con el amor al prójimo y facilitan oportunidades para que sus jóvenes lo hagan. El servicio tiene que ver con responder a las necesidades de quienes nos rodean y hay una multifacética forma de hacerlo. Levantar una generación de servidores es una misión que nos encomendó el comandante en jefe y nosotros debemos usar nuestras mejores estrategias para lograrlo. Los ministerios que enseñan y movilizan a los jóvenes a servir al prójimo son ministerios que desarrollan distintas capacidades en sus participantes, impulsan a la iglesia al crecimiento y hacen del cristianismo una fuerza relevante en sus medios de influencia.

Propósito 3. Evangelismo

Si hay algo de lo que hablamos mucho y practicamos poco es el evangelismo. Creo que se debe a cuatro razones: la primera es que no tenemos suficiente compasión por los perdidos, la segunda es que tenemos una idea muy "formulista" de qué es el evangelismo, la tercera es que en el orden de prioridades de muchas iglesias y

---

16   Gracias a Dios esto está cambiando.

ministerios juveniles el evangelismo nunca es un propósito sino una actividad que de tanto en tanto hay que hacer y la cuarta de la digo en un ratito... La noticia es que los ministerios juveniles sanos descubren que la iglesia debe crecer y empiezan a trabajar activamente para lograrlo. Pero el propósito del evangelismo no se trata simplemente de encontrar el mejor programa para evangelizar a esta generación. Se trata de "criar" evangelistas. Se trata de levantar una generación que entienda que el evangelismo no es una variable negociable en la experiencia cristiana. Ahora ¿Cuál ha sido el gran impedimento para que tu generación y la mía no vivieran esta verdad? La cuarta razón es que por lo menos a mi me enseñaron a evangelizar solo desde atrás de un púlpito. Me hicieron sentir culpable, desde atrás de un púlpito, me enseñaron la importancia de hacerlo, desde atrás de un púlpito y me enseñaron diversos métodos para hacerlo, desde atrás de un púlpito. En muy pocas ocasiones me sacaron a la calle para darme el ejemplo y en todavía menos ocasiones vi líderes que "naturalmente" comunicaban el evangelio. Digo "naturalmente" por que no estoy hablando ni de fanatismo, ni de personas que saben usar una fórmula o método, sino de personas que en su vida diaria muestran algo distinto que hace que otros se cuestionen que hay de especial en él o ella y usen eso para dar testimonio de Cristo. En los próximos capítulos vamos a conversar de los "cómos" pero ahora déjame decirte que si queremos levantar una generación de evangelistas tenemos que "modelar" lo que vamos a hablar.

El propósito de evangelizar debe perfumar cada actividad de nuestros ministerios juveniles. Si quieres un cada vez más sano y emocionante ministerio juvenil debes apuntar todos los componentes hacía un ministerio extrovertido y contagioso.

Propósito 4. Discipulado

El discipulado es un proceso. Empieza en el momento que entramos en la membresía del cuerpo y se terminará en los cielos. Si estás leyendo este libro es porque tienes un interés especial en que tus adolescentes y jóvenes aprendan a obedecer a Jesús y se mantengan siempre creciendo en su fe. ¿De qué sirve tener hoy un "exitoso" ministerio juvenil si en unos años tus jóvenes no van a estar obedeciendo a Cristo? Tener el templo lleno de jóvenes que saben hablar "evangélico" y ser la estrella admirada de tu ciudad por tener el ministerio juvenil más numeroso no significa nada si al fin al cabo tus jóvenes no saben hacer lo correcto en lo secreto como estilo de vida. No que no se equivoquen y sean perfectos. Acuérdate que nuestra palabra es "maduros."

El conocido pensador Henri Nouwen solía destacar que discípulo y disciplina son la misma palabra. Ser discípulos y amigos de Cristo significa que queremos vivir como él nos enseñó. El discipulado no es un programa ni meramente un método. El discipulado es practicar las disciplinas de Cristo a tal punto que nuestra vida contagie a otros con la misma obediencia. Nosotros debemos vivir las enseñanzas de Cristo para poder "enseñarlas" a nuestros jóvenes. Parte de esas enseñanzas fueron:

«Amar al que es rechazado, resistir la tentación, ayudar al necesitado y llevar en alto nuestros valores,» una increíble responsabilidad considerando el medio que nos rodea. Cristo practicaba el retiro, la oración, la misericordia, el perdón, la sencillez, la compasión, el sacrificio y nosotros debemos enseñara a nuestros jóvenes a practicar lo mismo.

Al viajar por tantos países tengo la posibilidad de escuchar a muchos líderes con ideas bien diferentes respecto al discipulado. Pero hay una idea que es necesario aclarar: a mi me da miedo cuando escucho a un líder referirse a "sus" discípulos. Qué decepción si estoy formando discípulos propios, probrecitos. Los discípulos deben ser de Cristo. El discipulado significa ser seguidores de Él y llevar a otros al mismo blanco. Crecer conforme a la estatura de la plenitud de Cristo (Efesios 4:13) dejando de lado las cosas de niños (1 Corintios 14:20), esperando alcanzar aquello para la cuál Cristo nos alcanzó (Filipenses 3:12), conocerlo más a Él (Filipenses 3.10) y comprender con todos los santos la dimensión de quién es Jesús (Efesios 3:18) debe estar en la mira constante de nuestros ministerios.

> Qué decepción si estoy formando discípulos propios, probrecitos. Los discípulos deben ser de Cristo.

Los ministerios que descubren este propósito de Cristo para su Iglesia y lo ponen claro como fin y blanco de tal manera que determine sus programas y sus relaciones son ministerios efectivos que impactan la juventud como pocas otras fuerzas pueden en la tierra.

para uso personal o equipo de trabajo

1. ¿Qué significa llevar a los jóvenes a la madurez en Cristo?

2. ¿Cómo se diferencian relacionan la gran meta y los cuatro propósitos?

3. ¿Por qué es determinante identificar los propósitos?

4. ¿Cuál es tu evaluación de la iglesia en general en vista de los cuatro propósitos?

5. ¿Cómo evalúas tu ministerio en cada uno de los cuatro aspectos?

www.especialidadesjuveniles.com

La Promoción de la Gran Meta y los Cuatro Propósitos

*"Sabiendo dónde estamos y a dónde
tenemos que ir, entonces podemos
juzgar sabiamente qué debemos hacer
y cómo hacerlo"*
Abraham Lincoln

Muchos líderes fallan porque a pesar de que tienen una filosofía correcta de lo que se proponen, no logran que otros los acompañen con entusiasmo. Al conocer cientos de líderes con diferentes estilos de ministerio a través de los años me he dado cuenta que una nota saliente de los líderes efectivos es que la mayor parte de los involucrados en sus ministerios saben qué es lo que estos líderes se proponen. Los buenos líderes saben que no solo se trata de "conocer" la gran meta del ministerio juvenil y los propósitos de Dios para la Iglesia sino de asegurarse que todos lo involucrados también los sepan. Estos líderes saben que la gente atrapa la misión del ministerio de diferentes formas y por eso se aseguran de diversas maneras que la mayor parte posible de involucrados tenga claro a dónde se dirigen. Es un hecho que algunas personas tenemos tendencia a ser movilizados por lo visual, otros por lo auditivo y otros definitivamente por lo afectivo. Por eso es necesario usar diversos métodos para promocionar la dirección de nuestros ministerios.

Hay un código moderno que es casi imposible evitar y que personalmente no creo que debamos. Se trata de la promoción o la publicidad. Más adelante vamos a conversar de los tiempos que vivimos y de ciertos códigos que no podemos ignorar para usar a nuestro favor o contrarrestar. Uno que podemos usar a nuestro favor es la publicidad. Hoy todos sabemos lo importante de la imagen y del cuidadoso uso de las palabras para comunicar los beneficios de algo que uno quiere ofrecer. Quizás algunos se esté asustando de la palabra publicidad pero tenemos que recordar que estamos hablando de entusiasmar a otros con la misión que Dios nos entregó como líderes juveniles.

Me encanta el aporte de los estudios de "Mi experiencia con Dios," de Henry Blackaby. En ellos el autor nos refresca que la vida cristiana no se trata de deliberar y planear nosotros para después poner esos planes en la mesa de trabajo de Dios, sino que al contrario, nosotros debemos meditar en qué es lo que Dios está haciendo o tratando de hacer y sumarnos a SU tarea.[17] Por eso es que en este capítulo no estamos hablando de lanzar una campaña publicitaria de nuestras propias propuestas. Estamos hablando del blanco que el mismo Dios nos puso en frente, de nuestro compromiso de hacer conocer este plan y del beneficio estratégico que nos trae promocionarlo.

Para desarrollar un ministerio efectivo es necesario que todos los involucrados entiendan el gran por qué de lo que hacemos y que sepan qué es lo que queremos lograr en nombre de Jesús. Los siguientes son algunas tácticas para la promoción de lo que deseamos lograr.

---

17 Estos materiales son de Lifeway y la Casa Bautista y te recomiendo usarlos para tu vida personal y ministerial.

Personalizar

La gran meta de alcanzar la madurez tiene que ser evidente en todo lo que hacemos en el ministerio juvenil. Esta meta es tan simple y expeditiva que quizás no requiere tantas adaptaciones o como estamos hablando "personalizaciones". Pero definitivamente es demasiado general y por eso hemos estado conversando de qué se trata la madurez en cada uno de los carriles de los que hablamos. En el caso de la madurez espiritual estábamos diciendo que Dios nos encomendó cuatro propósitos que deben dar dinamismo a nuestros ministerios y ahora quisiera conversar de cómo hacemos para compartir y dejar claros esos propósitos dándole un tono más personalizado.

En su libro del Ministerio de Jóvenes con Propósito, Doug Fields hace mucho énfasis en recomendar que los propósitos se escriban en una declaración de misión y se comuniquen regularmente a todo el ministerio para que todos puedan reconocer la dirección en la que se está marchando. Muchas iglesias han aprendido de muchas empresas y viceversa acerca del provecho que hay en tener una declaración de misión. Me ha sido curioso ver como en los últimos años en Estados Unidos es casi imposible entrar a una empresa grande y no ver cerca de la puerta un cuadro o placa que explica para qué existe esa empresa. Te doy una noticia: La Biblia habla de eso muchos antes de que los gerentes de estas empresas usaran pañales. Proverbios 29:18 dice "dónde no hay visión el pueblo se extravía." Ahora piensa de qué provecho es que esta aseveración esté escrita y nosotros podamos enterarnos de la enorme sabiduría contenida en la afirmación. Los ministerios juveniles también pueden escribir lo que se proponen hacer y tenerlo en un cuadro, póster, calcomanías o señaladores para que todos reconozcan el para qué existe el ministerio.

La declaración de misión no tiene por qué incluir palabras rebuscadas o versículos bíblicos. La declaración debe de manera muy corta resumir lo que se entiende como los propósitos de Dios para esa iglesia u organización particular. Digo "de manera muy corta" pensando en tan solo un frase porque te vas a dar cuenta que si no podemos resumir en una frase lo que queremos lograr es porque en realidad no hemos descubierto claramente qué es lo que queremos lograr (y esto es muy válido para el arte de predicar también). Los cuatro componentes de la adoración, servicio, evangelismo y discipulado del gran mandamiento y la gran comisión deben estar presentes pero no necesariamente en las mismas palabras. Es más, en muchos casos te vas a dar cuenta que usar estas palabras excelentes pero tradicionales tiene el problema de que no siempre la idea que tiene la gente y en especial los jóvenes, de ellas es exactamente lo que la Biblia y tu entiendes que deben comunicar.

> Si no podemos resumir en una frase lo que queremos lograr es porque en realidad no hemos descubierto claramente qué es lo que queremos lograr.

Personalizar tiene el gran beneficio de la identificación. La declaración debe hacerse propia para tu ministerio. Debe lograr tener un significado personal en la vida de los miembros del grupo de personas que se lanzan en la misión y por eso es mejor hacerla en palabras propias.

Algunos ejemplos de declaración de Misión:

- *Nuestro propósito es honrar a Dios guiando jóvenes a convertirse en completos seguidores de Cristo.*

Ministerio de jóvenes de la Iglesia Flamingo Road en Ft. Lauderdale, Florida

---

- *Nuestro ministerio para los jóvenes existe para alcanzar a los jóvenes no creyentes, Relacionarlos con otros cristianos, ayudarlos a crecer en su fe, desafiar a los que crecen a descubrir su ministerio y honrar a Dios con su vida.*

Ministerio de Jóvenes de la Iglesia Saddelback, California

- *En LAGRAM trabajamos para acompañar a los adolescentes a la madurez en Cristo.*

Liderazgo y Adolescencia Grupo de Amigos, Argentina.

- *Nuestro propósito en "El camino" es: compartir para vivir, vivir para servir y servir para exaltar a Dios.*

Iglesia Bíblica El Camino, México

Un ejemplo de una organización que trabaja con lideres juveniles:

- *Existimos para identificar, enseñar y equipar líderes para impactar personas y familias para que sean discípulos de Jesucristo.*

Red del Mundo Juvenil, Ecuador.

Otra idea que a algunos les ayuda más es hacer dibujos o acrósticos. Un ejemplo de estos últimos:

- En la iglesia del Arca de Nahum perseguimos AMOR:

  Alcanzar a los que no conocen a Cristo.

  Mostrar compasión y misericordia a quienes nos necesitan.

  Orientar nuestras acciones hacia la voluntad de Dios

  Reconocer quién es Dios y dedicarle todo nuestro ser a él.

Evita frases grandilocuentes y exageradas que al fin no comunican nada y son irreales como : - nuestro propósito es impactar al mundo - ¿A qué te refieres? ¿el planeta? ¿la gente que no conoce a Dios? ¿cómo vas a hacer eso? Mejor empezar con tu localidad, tu barrio y quizás tu ciudad. Hace poco recibí un comunicado de prensa de un joven pastor de un país latinoamericano que decía en su misma biografía que él era alguien que estaba impactando a su país. Me interesé por saber más de él pero descubrí que ni siquiera los pastores de su ciudad lo conocían, que su ministerio estaba recién empezando y que su diario (la base de su ministerio) tenía una salida de 2000 ejemplares en un país de más de 100 millones. Siempre es buena idea ser más humildes y enfocarse en el lugar dónde Dios nos puso.

Un último consejo importante: no hagas la declaración de misión a solas. Involucra a la mayor cantidad de gente posible, pero eso si, enseña la gran meta y los cuatro propósitos con cuidado antes de invitar a otros a participar en la elaboración de tu declaración.

Comunicar

La declaración de misión funciona como una brújula y es bueno que todos los involucrados en el ministerio juvenil ya sean adolescentes, líderes voluntarios y aún los padres guarden siempre en mente lo que se supone que se debe lograr. La declaración da dirección a los programas y sentido a las relaciones. Al comunicarla sabiamente se esta permitiendo que el propósito perfume la atmósfera del ministerio con un sentido de dirección y crecimiento verificable.

> La declaración da dirección a los programas y sentido a las relaciones.

Mientras más personas entiendan y se concentren en el propósito, más saludable llegará a ser tu ministerio. Hace poco recibí un e-mail de un líder juvenil que me escribía:

Estimado Lucas: Soy el líder juvenil de mi iglesia hace dos años. Hasta que yo empecé siempre se elegía un presidente juvenil anualmente por votación de los jóvenes. Como sucedía que al terminar el año esos líderes ya estaban decepcionados (muchos de ellos no se congregaban más al mismo año siguiente), el pastor decidió que había que cambiar el sistema y al nombrarme líder fijo me mandó a que tomara un seminario de liderazgo juvenil. Fuimos con mi esposa y te escuchamos hablar de los propósitos y de la importancia de comunicarlos así que decidimos preparar una declaración de misión con nuestros jóvenes y hacer carteles con ellos que pegamos por toda la iglesia. También hicimos unas cartas donde le contamos a todos los adultos lo que queríamos lograr e hicimos cuatro reuniones especiales dónde invitamos a buenos oradores a hablarnos de cada uno de los propósitos. Te cuento que ahora nuestro ministerio tomó dirección y parece que toda la iglesia nos quiere ayudar. Hay una atmósfera de equipo como si estuviéremos luchando juntos por ganar algún campeonato.

Estamos en un campeonato juntos y todo los miembros necesitan saber dónde se marcan los goles. En nuestro ministerio juvenil dedicamos un mes al año a hablar específicamente de los 4 propósitos y de qué esperábamos que ocurra en la vida de los jóvenes. Usamos cada viernes de ese mes para enfocarnos en uno de los propósitos al hablar con las distintas clases de jóvenes y hacemos una velada especial para padres para hablar de lo que nos proponemos también. Es increíble ver el impacto que tiene el hecho de que nuestros adolescentes sepan cuáles son nuestras expectativas respecto a ellos. Muy comúnmente los jóvenes creen que sus líderes solo pretenden que se porten bien, no molesten en la reunión y los hagan quedar bien con el resto de los adultos (- Bueno, je, tristemente esto es verdad en el caso de líderes que no tienen claro qué es lo que en realidad deben perseguir-). Los jóvenes deben saber cuáles son nuestras expectativas y sobre todo las de Dios para la vida de nuestro ministerio. También es muy importante que los padres sepan los propósitos. Más adelante vamos a intercambiar ideas acerca de la relación que los líderes pueden tener con los padres, pero ahora es importante notar que es más probable que ellos tengan expectativas correctas de tu ministerio si entienden mejor la naturaleza del mismo. Es mi experiencia que cuando los padres ven hacia dónde te diriges tienen mayor ganas de ayudarte a llegar.

Muchos problemas organizacionales ocurren por problemas de comunicación y definitivamente no quieres que eso te pase. Tu declaración de misión, la gran meta y los propósitos deben ser publicitados y vendidos a la mayor cantidad posible de clientes para que aumente el grado de dirección, iniciativa y de potenciales colaboradores del ministerio al que te contrató Dios.

Un consejito más: dedica tiempo especial para conversar de los propósitos y la meta con personas claves como el pastor, el cuidador del edificio, el tesorero, el ministro de alabanza y quién atiende el teléfono de la congregación. Definitivamente necesitas a estas personas en el mismo barco.

Repetir de Diversas Maneras

Aunque a primera vista parezca una exageración: perder de vista el propósito es lo más usual.

Todos conocemos iglesias e instituciones que empezaron con un propósito en mente y al ir pasando los años se olvidaron de para qué existían. Seguramente conoces denominaciones que nacieron para despertar al resto de la iglesia y ahora parecen de las más dormidas. ¿Todo por qué? Porque es muy fácil olvidarse el propósito.

Conozco una gran cantidad de ministerios juveniles que a principio de año señalan los objetivos anuales y propósitos pero a los pocos meses se olvidan de lo que esperaban lograr y pierden de vista la meta y los propósitos. Conoces la historia de las agendas y las dietas que nos ponemos los últimos días del año pensando en el año siguiente ¿qué pasa después? ¿Uh? Muy pronto las abandonamos. Al menos a mi me ha pasado los dos últimos años respecto a una buena dieta.

Ya conversamos de personalizar y de comunicar, ahora el consejo es insistir. Es necesario repetir la declaración de misión de distintas maneras durante el año. ¿Por qué de distintas maneras? Decíamos al principio de este capítulo que la gente suele tener distintas tendencias en cómo son movilizados. Los humanos tenemos distintas formas de aprendizaje. A pesar de hacer de todo para comunicar los propósitos y la gran meta que perseguimos en nuestro ministerio, todos los años nos dábamos cuenta de jóvenes y padres que aunque ya estaban participando desde hace rato del ministerio, por primera vez capturaban la idea de qué es lo que queríamos lograr cuando lo comunicábamos de otra manera. Descubrimos que las distintas personalidades suelen engancharse con distintas maneras de decir lo mismo. Por eso es importante repetir la declaración de misión personalizada de diversas formas y teniendo en cuenta esta realidad. Imágenes van a ayudar mejor a los visuales, predicaciones y qué tal canciones, van a ayudar a los auditivos y conversaciones personales a los afectivos. Hay mucha gente que si no se lo comunica alguien en quien confían de una manera más íntima nunca van a lanzarse realmente con todo en esa misión. Esto es especialmente cierto en el caso de ciertos adolescentes.

A continuación va una lista de ideas para resaltar constantemente y de diversas maneras la gran meta y los propósitos espirituales de nuestros ministerios:

- Carteles
- Videos caseros
- Canción lema
- Poner la declaración en papel y sobres membretados
- Dedicar un mes al año a refrescar el tema
- Leerla antes de algunas reuniones de líderes
- Repetirla al dar la bienvenida a la reunión
- Publicarla en los cancioneros o boletines de la iglesia
- Hacer una entrevista
- Pintarla en una pared
- Bandera
- Ponerla como firma de tus e-mails
- Señaladores
- Evaluar (ahora vamos a seguir con eso)
- Que los jóvenes den testimonio de los resultados
- Voz en off que la declare
- Debate
- Camisetas

- Brazaletes
- Una placa

Y seguramente te vienen otras ideas de cómo hacerlo.

Evaluar

Cuando terminé el secundario tenía terror de ir al dentista. Mi mamá me insistía con que vaya pero yo siempre me la rebuscaba para no ir. Mi mejor excusa era que la ultima vez que había ido la dentista no me había encontrado nada y mi boca estaba perfectamente sana. Las normas lógicas de prevención dicen que al dentista hay que ir por lo menos una vez al año para una evaluación que mantenga las caries controladas, pero yo muy desobediente no fui por casi tres años hasta que sentí un dolor. Cuando la dentista me revisó después de tanto tiempo ¿que crees que tenía? Una increíble colección de caries. Mi dentadura que hasta ese momento siempre me había parecido en perfectas condiciones nunca volvió a ser la misma y hasta hoy estoy pagando las consecuencias de esos tres años que me descuidé. Ya sabes a donde voy. Evaluarse es bien importante. No debe hacer falta que los dolores salgan a la vista y esto tiene todo que ver con un ministerio juvenil efectivo.

Si hay algo que a los evangélicos latinos nos cuesta es la autocrítica. Comúnmente veo muy pocos líderes que acostumbran a sentarse a pensar en lo que hicieron y dejar a otros que les den ideas y los corrijan. No vayas a creer que a mi no me cuesta. Pero lo que aprendí y me ha ayudado es que no tengo que esperar a tener todas las muelas cariadas. Si hago de la evaluación un hábito constante puedo prevenir operaciones más difíciles.

La declaración de misión está para darnos dirección pero también es una marca que nos permite ver qué estamos logrando y qué no.

Los ministerios juveniles efectivos siempre están evaluando lo que hacen a la luz de los propósitos.

Las siguientes son algunas preguntas importantes para hacerse:

> **Los ministerios juveniles efectivos siempre están evaluando lo que hacen a la luz de los propósitos.**

¿Qué propósito vamos a estar alcanzando con este programa?

¿Hay algún propósito que está siendo descuidado en nuestra programación?

¿Quiénes son las personas que están cubriendo mejor cada uno de los 4 propósitos?

¿A quienes estamos afectando y cómo?

¿Hay síntomas de que estamos ayudando a los jóvenes a llegara la gran meta?

Un sistema tradicional utilizado constantemente por gente de negocios es FODA: Personalmente lo uso en forma de cuadro de la siguiente manera:

FORTALEZAS	OPORTUNIDADES
DEBILIDADES	AMENAZAS

En cada una de las cuatro esquinas los que participan de la evaluación responden a las siguientes preguntas:

Fortalezas: ¿Qué es lo que mejor hacemos? ¿Qué cosas o quienes funcionaron mejor?

Oportunidades: ¿A quienes estamos afectando? ¿A quienes podemos afectar? ¿Qué podemos mejorar?

Debilidades: ¿Qué es lo que hicimos mal? ¿Qué cosas o quienes no funcionaron?

Amenazas: ¿Qué problemas ajenos a nosotros tenemos que enfrentar? ¿Qué desafíos hay que superar?

Cuando instalamos la evaluación de talleres en la Convención Internacional de Liderazgo Juvenil muchos pensaron que se nos estaba yendo la mano. Que la gente pudiera poner nota al conferencista, al tema y al contenido de los talleres para ayudarnos a todos (incluyendo los talleristas) a mejorar no era algo muy común de ver en eventos cristianos latinos. Pero lo hicimos para ayudar al liderazgo juvenil a hacerse consciente de la importancia de evaluar sinceramente. Cuando no hay lugar para critica sincera solo queda lugar para crítica destructiva. El alcance de la gran meta y de los cuatro propósitos debe ser evaluado así como también los programas, el liderazgo y las distintas actividades.

Por último, una vez más te aconsejo que involucres a cuantos más puedas en la evaluación (lo cuál no quiere decir que le vas a tener que hacer caso a todos), y sobre todo que siempre te asegures cuál es la percepción de los jóvenes. A continuación un ejemplo de evaluación integral que cada tanto me gusta usar:

¿Cómo lo estamos haciendo?

Por favor ayúdanos a saber cómo mejorar tu ministerio juvenil

1. Tengo 12 a 15 __ 16 a18 __ 19 para arriba __

2. ¿Cada cuánto vienes a las actividades de jóvenes?
Nunca___ Dos o tres veces al año ___ Cada tanto ___ Casi siempre___ Soy de otra iglesia___

3. Si no participas seguido, ¿Por qué no? Marca según corresponda.
__Mis padres no me traen o dejan venir
__No me gustan los líderes
__Trabajo- estudios
__No tengo amigos en el grupo
__No tengo tiempo
__No hay suficientes juegos
__Siempre lo mismo
__Las predicaciones no me gustan
__No me interesa
__ otro:_____

4. ¿Qué sabes de los propósitos de nuestro ministerio juvenil?¿ Para qué existe este ministerio?_____
_____
_____
_____

5. ¿Cuáles son las actividades que más te atraen? Calificar del 1 al 5 (1 es lo más te gusta)
__ Campamento anual
__ Reuniones en las casas
__ Fiestas (Noche de disfraces, Competencias , Cumpleaños...)
__ Juegos
__ Deportes
__ Alabanza
__ Salidas
__ Hacer amigos

6. ¿Qué podemos hacer para ayudarte a madurar y hacerte la vida más atractiva?
_____
_____
_____

Establecer Valores

En los últimos años también descubrí el enorme aporte que significa poner en claro ciertos valores que sirvan de columna de lo que hacemos. Si bien la gran meta y los 4 propósitos del área espiritual son el destino principal de los ministerios juveniles sanos, esos ministerios ponen en claro ciertos principios que ayudan a todos sus miembros a definir qué ruta tomarán al destino. Seamos consciente o no, hay ciertos valores que forman parte de nuestra toma de decisiones en todos los aspectos de nuestro ministerio. Por eso es aconsejable hacernos totalmente consciente de ellos y conversarlos con el resto del equipo de trabajo. Sea el pastor u otros voluntarios que estén a tu lado en el ministerio juvenil es bueno hacer una lista de innegociables o de columnas que siempre van a proteger la integridad del ministerio. Por no ponerse de acuerdo en cuáles son estos principios muchos líderes se ven impedidos de trabajar en equipo o no muestran un criterio maduro de por qué hacen lo que hacen.

Te doy de ejemplo algunos valores que definen a Especialidades Juveniles:

- Las personas son más importantes que los programas.
- No hay una sola manera de lograr un ministerio efectivo.
- La fidelidad es más importante que los resultados.
- Quienes somos en lo secreto siempre repercute en quienes somos en lo público.
- Experimentar a Dios es más importante que enseñar acerca de Dios.
- Sin la gracia de Dios la vida cristiana es imposible.
- Las preguntas son tan importantes como las respuestas.
- Un sentido del humor sano es esencial.
- No hay realización ni seguridad en el ministerio, solo en Jesús.
- Los jóvenes no son vasos que se llenan sino fuegos que se encienden.
- El crecimiento espiritual no es matemático.
- Los jóvenes y adolescentes ya están listos para el servicio.
- Los materiales que producimos deben ser honestos.

Los tuyos no tienen por qué ser iguales. Estos son de una organización que genera recursos y entrenamiento para que usen los líderes juveniles. Tu iglesia o ministerio deberá definir los suyos. Lo importante es que los valores pueden evolucionar según vayan siendo reconocidos principios o elementos superiores o específicos para nuevas cuestiones. Sirven para enfocarse en lo más trascendente y te ayudan a pesar en la balanza de las decisiones.

Vamos a la clave de los programas.

1. Revisa las preguntas del sistema FODA de evaluación (Pág. 47) y completa el siguiente plano respecto a tu ministerio.

FORTALEZAS	**OPORTUNIDADES**
DEBILIDADES	**AMENAZAS**

2. ¿Cuál sería la manera más apropiada para comunicar los propósitos a tus jóvenes, sus padres y el resto de la congregación?

3. Si tuvieras que proponer una declaración de misión ¿Cuál sería la tuya?

www.especialidadesjuveniles.com

Definir Programas Acertados

Las Cinco Conexiones de los Programas Altamente Eficaces

"Las estrategias verdaderamente exitosas siempre ganaron sus logros de la manera más vieja: A través de dolor, críticas, lágrimas, errores y oración"
Brian D. McLaren

Cuando entré en la universidad, milagrosamente el Señor me regaló la posibilidad de enseñar tenis en jardines pre escolares. Digo milagrosamente porque aunque me sabía las reglas y algunas cuestiones técnicas sigo siendo horrible para ese deporte. Recuerdo el día que empecé en un jardín de la zona norte de la capital de Buenos Aires, un área donde todos viven en edificios. El jardín no tenía un campo de deportes así que llevamos a los chiquitines de 4 y 5 años a unas canchas de tenis que estaban un poco lejos. Al estar ya acomodados en la cancha les dije a mis alumnitos que corrieran libremente por donde quisieran. Pensé que eso enseguida les iba a gustar y que se me iban a ir por todas partes. Con sorpresa observé que los chicos daban vueltas en un radio muy pequeño y algunos hasta daban vueltas sin moverse de su lugar. Les repetí que corrieran libremente y recuerdo que algunos empezaron a dar vueltas a mi alrededor. Les indique que corrieran hasta la red o la pared y así lo empezaron a hacer. Me quedé pensando... Estos eran niños que vivían en edificios de departamentos y habían aprendido a correr dentro de las salas de sus casas. ¡Estaban acostumbrados a correr alrededor de la mesita del living o el comedor! Increíble. Se habían acostumbrado a correr de determinada manera y ante una nueva libertad no sabían hacer algo diferente. ¿Te suena?

Dios nos llamó a levantar una generación que pueda vivir el gran mandamiento y la gran comisión pero no nos dijo "cómo" hacerlo. Si somos sinceros y miramos la Biblia con cuidado vamos a encontrar a Jesús diciéndonos lo que hacer pero no diciéndonos demasiado de los cómos. Lo vemos sanando a los ciegos siempre de maneras diferentes ¿Por qué? Porque sabía que a los terrícolas nos encantan las formulas mágicas y nos estaba diciendo que no era el método lo más importante. En cada una de esas escenas lo único importante era que él era el Cristo y que los ciegos necesitaban fe. Si era con barro, si había que ir al estanque o no había que hacer nada no era el punto. Pero vamos más allá. El apóstol Pablo tampoco agrega demasiado respecto a las formas y metodologías que debe usar la iglesia. En primera Corintios dice que deben usarse los dones de todos porque así ha sido dado por el Espíritu y que debe hacerse en orden (1 Corintios 12 y 14). Luego le escribe a Tito y a Timoteo (Tito 1 y 1 Timoteo 3) cuáles son los requisitos de los líderes pero no agrega mucho más de cómo debe ser la programación de la Iglesia. ¿Por qué? Porque si bien hay propósitos sagrados no hay metodologías que lo sean. La Biblia no cambia y Dios menos, pero cada generación de la iglesia debe encontrar cómo ser efectiva en cumplir con los propósitos en su contexto temporal y espacial. Por eso es que los programas deben ser constantemente ajustados a las necesidades de un área, un tipo social y una generación.

> La Biblia no cambia y Dios menos, pero cada generación de la iglesia debe encontrar cómo ser efectiva en cumplir con los propósitos en su contexto temporal y espacial.

Jesús nos saca a la cancha y nos invita a correr libremente pero muchos de nosotros solo hemos sabido dar vueltitas porque eso es lo que nos han enseñado. El 90% de las iglesias que conozco tienen una reunión de jóvenes que es un calco exacto de la reunión de adultos del domingo a la mañana. Todos nos sentamos mirándole a la nuca al de adelante. Nos paramos para cantar, nos sentamos. Nos paramos para cantar, le decimos bienvenido al de al lado, nos sentamos. Nos paramos para cantar, nos sentamos. Un tipo nos habla por más de una hora ¡y encima nos piden ofrenda! Vamos ¿Qué joven del mundo que conozcas se va a sentir atraído a la iglesia con ese formato? De paso te digo: lo heredamos de la iglesia católica de la edad media. La reforma protestante con Lutero y Calvino a la cabeza, cambiaron la comprensión teológica pero no cambiaron el formato de las reuniones. La reforma carismática desde Wesley, pasando por la calle Azuza dónde oficialmente nació el pentecostalismo y llegando al movimiento de la unción de finales del siglo pasado, cambiaron fundamentalmente la experiencia personal del cristiano pero aunque agregaron más espontaneidad tampoco cambiaron el formato de las reuniones. A mi me pone triste ver iglesias que discuten si es santo o no reunirse fuera del templo o que tienen que hacer un montón de articulaciones políticas para cambiar el horario, día o disposición de los bancos para hacer una reunión.

¿Cómo mantener creciendo en su fe a los jóvenes que ya tenemos cada fin de semana? y ¿Cómo atraer más jóvenes a la iglesia? Si bien a simple vista pareciera que cada líder juvenil se está haciendo estas preguntas, no siempre es el caso. Muchos líderes juveniles no consideran el crecimiento cuantitativo y cualitativo cuando piensan en las actividades de sus ministerios juveniles. Una de las tentaciones comunes que distraen la planificación seria es tratar meramente de conformar a los líderes adultos de la iglesia, sea el pastor, los ancianos o doña Rosa que no tiene nada que hacer el sábado y por eso va a la reunión de jóvenes. Eso equivale a olvidarse de a quienes está dirigida la reunión (¿te acuerdas del eje?). Otra tentación suele ser llegar a la reunión sin ningún tipo de preparación y hacer lo que siempre hacemos.

Programar efectivamente no se trata de hacer algunas súper actividades aisladas. Se trata de establecer un plan, una estrategia y un calendario. Por eso las siguientes conexiones aunque te van a servir para utilizar en actividades individuales apuntan mayormente al cuadro grande, al programa anual o la planificación general. He observado las siguientes conexiones en los programas de las iglesias con ministerios sanos en crecimiento.

1. Se Conectan con los Cinco Carriles del Desarrollo

Solo la Iglesia de Jesucristo puede acompañar integralmente el desarrollo de los adolescentes. Otros entes no pueden ofrecer el estímulo necesario para el desarrollo espiritual de los individuos ni tampoco pueden cooperar en la definición de la identidad trascendente de la persona. Es importante notar que el mismo ministerio de Jesús se conectó con los 5 carriles del desarrollo. Al empezar su ministerio Jesús anuncia: "El Espíritu del Señor está sobre mi, por cuanto me ha ungido para anunciar buenas nuevas a los pobres. Me ha enviado a proclamar libertad a los cautivos y vista a los ciegos, a poner en libertad a los oprimidos, a pregonar el año del favor del Señor" (Lucas 4:18-19). Algunos teólogos llaman a esta realidad el ministerio "integral," entendiendo la posibilidad o la demanda de afectar la vida humana en todas sus dimensiones.

> Solo la Iglesia de Jesucristo puede acompañar integralmente el desarrollo de los adolescentes.

Carril físico: ¿Qué tal incluir una programación deportiva? Los deportes ayudan al ministerio juvenil sobre todo en dos aspectos. En primer lugar el deporte es sano, hace bien al templo del Espíritu Santo. Muchos de los adolescentes de las ciudades de hoy pasan demasiado tiempo encerrados en la casa y en la escuela y nosotros tendemos a meterlos en el templo el fin de semana. Es cierto que en muchas comunidades los deportes están bien provistos por las escuelas o aún la universidad, pero esto no es cierto en la mayoría de las ciudades de Hispanoamérica. La propuesta no es competir con lo que ofrecen los centros de estudios pero si estar atentos a las necesidades de nuestra comunidad y ver que si los jóvenes están pasando demasiado tiempo frente a la televisión o la computadora viene muy bien proveer una posibilidad de dispersión que los ayude en el desarrollo físico.

El segundo aspecto valioso del deporte para el ministerio juvenil es que éste representa una increíble posibilidad de atraer jóvenes a la iglesia que de otra forma no podrían ser atraídos. Un sabio cocktail de deportes con evangelismo es poderoso. Hoy existen ministerios que combinan lo deportivo con lo evangelístico con excelentes resultados y esto puede ser usado perfectamente por la iglesia local. Campeonatos, torneos y desafíos son una excelente herramienta para involucrar nuevos jóvenes a la iglesia.

Pero hay que hacer una aclaración: La mayoría de las iglesias darían crédito al deporte y varios tienen deporte en sus programas, pero el problema es que este no está planificado cuidadosamente y solo se hace para entretener o pasar el tiempo y no se ve el valor estratégico. No estamos hablando solo de un partidito de fútbol acá y allá. Hay una variedad enorme de deportes que pueden ser practicados y promovidos desde la iglesia con una sabia planificación. También clases de higiene, educación sexual, sana alimentación, ciclos de descanso propicios para el estudio y demás son temas que la iglesia puede enseñar a sus adolescentes acompañando el desarrollo físico de manera positiva.

Carril intelectual: La conocida frase "Creer es también pensar" que John Sttot popularizo es especialmente pertinente para el ministerio juvenil . Para muchos líderes y pastores el mayor desafío con su grupo de adolescentes es el persistente intento de sus chicos de cuestionar todo y hacer preguntas "difíciles." A mi me llama la atención ver líderes que se sienten victoriosos porque sus adolescentes nunca los cuestionan. Si tus adolescentes jamás te hacen preguntas calientes y solo hablan "evangélico," algo estás haciendo mal. Cómo dijimos en el capítulo dos, los adolescentes empiezan explorando el pensamiento abstracto y continúan desarrollándose mediante el pensamiento crítico. Este proceso tiene sus picos de altitud en el comienzo de la adolescencia y en su salida cuando están ya en la universidad. En esta generación la indiferencia y el desencanto social causados por tantas crisis económicas y políticas son dos verdaderos desafíos y también por eso se hace tan necesario ayudarlos a comprender la verdad para darles esperanza.

> Si tus adolescentes jamás te hacen preguntas calientes y solo hablan "evangélico," algo estás haciendo mal.

El programa juvenil debe constar con momentos donde se aliente el pensamiento crítico y no se lo oprima. Los adolescentes encuentran convicción y fundamentos naturalmente por medio de hacer cuestionamientos y los buenos líderes de jóvenes saben ayudar a sus jóvenes a pensar, criticar, evaluar y considerar diversas opciones en su comprensión de la verdad.

Carril emocional: Conversábamos que control, aceptación y regulación son objetivos a lograr en el desarrollo emocional del joven. La sociedad de los últimos años ha provocado desencanto e indiferencia intelectual y eso ha alimentado sentimientos de insatisfacción, ansiedad, dispersión y monotonía en el corazón de la juventud. La búsqueda instantánea del placer, impulsada desde los medios, se interpone con el desarrollo de la madurez emocional. La industria del entretenimiento provoca sensaciones cada vez más y más fuertes. Las montañas rusas son más altas y el audio es cada vez más fuerte y mejor que el sonido en vivo. Los efectos de montaje e iluminación acompañan a la música en las discos y los conciertos, el multimedia en las computadoras, el dolby surround en los cines para películas con cada vez más explosiones y más adrenalina. La pornografía es parte de casi cada publicidad, anuncio, revista o programa televisivo. Tanto estímulo es difícil de controlar por alguien en vías de madurez. Más cuando creen que su valía depende de lo que hacen o lo que tienen y que la aceptación depende de con quién se junten y a quién agraden. Desarrollarse en sujetos fuertes con identidad y plenitud definidas en el ser se hace difícil en medio de tanta promoción a la inmadurez y las decisiones solo basadas en los sentimientos e impulsos. El programa juvenil debe contemplar la creación de actividades y la elaboración de curriculums de enseñanza donde la aceptación y el amor incondicional sean importantes. Programas que generan una atmósfera de afecto y aceptación ayudará a los jóvenes a procesar mejor sus emociones para poder llegar a controlarlas y regular sus estados de ánimo, impulsos y reacciones sentimentales. Por otro lado las emociones de los adolescentes pueden ser estimuladas también hacia lo bueno. La compasión y el amor pueden

> Desarrollarse en sujetos fuertes con identidad y plenitud definidas en el ser se hace difícil en medio de tanta promoción a la inmadurez y las decisiones solo basadas en los sentimientos e impulsos.

ser estimulados mediante la facilitación de experiencias donde puedan expresarlas. Por ejemplo, una visita mensual a los enfermos de SIDA, a un correccional de menores, confrontarlos con testimonios de bulimia y anorexia de algún centro de atención o visitar orfanatos no solo servirán como ayuda a la comunidad sino como disparadores de emociones positivas que los ayuden a sacar lo mejor de sí. Hay tanto que podemos lograr si dejamos de depender tanto de "predicarles" en sentido tradicional.

Carril social: Dijimos que en este carril se corre la carrera de la convivencia, la adaptación y el intercambio. En los distintos grupos de pertenencia los adolescentes probarán diferentes roles en los cuales intentarán ubicarse de manera de ser aceptados por el resto de sus pares. En todo grupo hay homogeneidad y heterogeneidad y se puede usar una buena programación para acercar a los que se parecen y también relacionar a los que son distintos. Cuando hablemos de la clave de las relaciones vamos a digerir mejor este principio y dar ideas de cómo integrar a los distintos grupos, pero ahora es importante decir que también debemos programar para que los jóvenes aprendan a relacionarse mejor y ser y hacer mejores amigos. Quizás alguno de los que lea esto piense: - *a mi nunca se me ocurrió que esto era importante. Para el mi el grupo estaba para aprender la palabra de Dios*- Acuérdate de los propósitos, aún la palabra de Dios es un medio para llegar a ellos y no un fin en si misma. La comunión y las relaciones humanas también lo son. El impacto que ejercen los jóvenes entre ellos en tu ministerio es poderoso y los ministerios juveniles efectivos aprender a conducir ese impacto.

Muchos programas solo están orientados al grupo heterogéneo. Se enfocan en alcanzar una multitud y lo logran mediante programas que atraen multitudes. Esto tiene muchas ventajas pero también un problema: si los jóvenes no se hacen amigos en la iglesia, por más atractivo que sea el programa no van a querer volver. Si no encuentran consejo personal y un hombro dónde llorar cuando haga falta, las luces, los súper sermones y los nuevos teclados no van ser importantes.

Otros líderes se dejan encerrar por la homogeneidad de un grupo cerrado que tiene códigos tan fuertes que espantan jóvenes que vienen de afuera. Están dominados por una elite que el líder o pastor "teme" alterar. Permitirles esta homogeneidad tan marcada es limitar la oportunidad de lograr más relaciones significativas y paralizarlos en su protagonismo en la extensión del Reino. Persistir solo en la heterogeneidad limitará no solo la efectividad del liderazgo, sino lo significativo de las relaciones y el sentido de pertenencia y protagonismo. La solución es un programa que combine una rotación de grupos grandes con grupos pequeños.[18] Un programa de actividades variadas donde la recreación y el intercambio son importantes, enriquece las posibilidades de los jóvenes de recorrer el proceso de ensayo y error en las

> Si los jóvenes no se hacen amigos en la iglesia, por más atractivo que sea el programa, no van a querer volver.

---

18 Estos grupos hoy se conocen como "células," "barcas," o "racimos" y vamos a desarrollar el tema en el capítulo 8.

relaciones contenidos y seguros.

Carril espiritual: Conversamos que los cuatro propósitos desglosados de Mateo 22:37-40 y Mateo 28:19-20 debían ser el móvil del ministerio juvenil en cuanto al carril espiritual. Esta dimensión es la que va a definir interiormente la cuestión de la completa identidad y el estilo de vida de Cristo.

La adolescencia presenta una oportunidad inmejorable para trabajar en las acciones que se esperan del cristiano. Aunque les cueste demostrarlo ellos están completamente sensibles sumar modelos de vida a esa identidad que están buscando. Por eso las disciplinas espirituales deben ser parte del "programa" y no solo de los temas de las clases. Los malos hábitos serán mejor disipados creando hábitos buenos. Muchos ministerios solo señalan los hábitos no recomendables para los creyentes pero no ofrecen más alternativas que orar, leer la Biblia y concurrir a la reunión. El ayuno, el servicio, la adoración personal, la vida devocional, la sencillez, la meditación, la confesión, el silencio, la alabanza, la comunión, el gozo, el retiro y otras disciplinas pueden tener un encanto especial para los adolescentes si logramos que vean lo radicales que son y las experimenten. Hace un tiempo escribí un pequeño libro llamado "No seas dinosaurio" el cuál trata de cómo hacer para que nuestra vida espiritual no se extinga y seque.[19] En él describo algunas avenidas por las que los jóvenes pueden correr sin límite de velocidad (así les digo en el libro) hacía la misma experimentación de Dios. Si bien es un libro que trata de las disciplinas espirituales clásicas, cambiando el lenguaje y llamándolas "avenidas" enseguida prendió y para sorpresa de los que me decían que un libro de "disciplinas" no podía funcionar entre adolescentes, muy pronto me encontré recibiendo cartas de jóvenes que habían empezado a ver estas disciplinas clásicas como una aventura.

Uno de los desafíos para el programa que ofrece el área espiritual es los distintos grados de madurez espiritual que se encuentran en un grupo. Los hijos de creyentes conocen historias, léxico versículos que para los recién llegados les suenan a "tu no perteneces." Un buen programa proyecta de ante mano esta dificultad. Algunas alternativas son clases electivas, cursos cortos, estudios inductivos, rotación de grupos o reuniones separadas. Ya vamos a hablar de los cambios en la cultura y conversaremos de cómo la modernidad había desprestigiado a la experiencia espiritual pero la gran noticia es que la experiencia "extrasensorial" vuelve a escena (no te asustes con esa palabra, piénsala bien). Los programas eficaces se conectan con el área espiritual permitiendo a los jóvenes experimentar los distintos principios que decimos creer.

2. Se Conectan con las Cinco Necesidades Fundamentales

Los programas más eficientes no ignoran las necesidades fundamentales de cada edad. Si un ministerio integral parte de una seria consideración de los cinco

---

19   De Editorial Certeza.

carriles del desarrollo, los objetivos específicos de ese ministerio tienen que ver con las necesidades fundamentales que compartimos en el capítulo tres.

Sentido de identidad: La adolescencia es un tiempo de infinita sensibilidad a la preguntas ¿Quién soy? ¿Qué valgo y por qué? y otras relacionadas a la identidad. La iglesia tiene las mejores respuestas a estas preguntas porque puede responderlas desde una perspectiva eterna y desde aquello revelado por el diseñador de la vida. El Dr. Neil Anderson, dice que "la creencia más importante que podemos tener es un verdadero conocimiento acerca de quién es Dios y la segunda en importancia es conocer la verdad acerca de quiénes somos como hijos de Dios."[20] Aunque lo primero siempre es prioridad en nuestras iglesias, no siempre los segundo es correctamente enseñado. Responder a las preguntas de la identidad es una oportunidad increíble puesta en tus manos. Esas respuestas determinarán las conductas que ellos y ellas van a tener de adultos. Afecto, amor incondicional y estima personal se construyen sanamente desde la elaboración o el descubrimiento sano de quién en verdad somos. Por eso es tan necesario que seamos inteligentes y tomemos la iniciativa de elegir qué hacer y qué no hacer al respecto con nuestras actividades. Digo "no hacer" porque esta es la causa de por qué deben estar prohibidas las burlas en el ministerio juvenil y debemos evitar toda actividad que avergüence negativamente a los chicos. ¿Qué si hacer? ¿Qué tal cuestionarios? ¿Tests vocacionales? ¿Algunos juegos de revistas populares? (me vas a decir que nunca viste uno de esos artículos de "Cómo debo ser para que él me quiera..."). ¡Claro! Todo vale para ayudarlos. Un recurso que recomiendo para ayudarlos con la identidad son los "Pasos hacia la libertad en Cristo" del ya mencionado Neil Anderson.[21]

Ganar independencia: ¿Cómo acompañar el proceso de independencia en que se encuentran los jóvenes? Respuesta fácil de dar pero difícil de implementar: -Delegándoles responsabilidad en las cosas de la iglesia sin dejarlos solos o solas-. Motivarlos a ser voluntarios y encargados de distintas cuestiones dentro del ministerio ayuda a los adolescentes a desarrollar su capacidad para responsabilizarse. A medida que la toma de responsabilidad va en aumento, mayor debe ser la independencia que se les de en lo que hacen. A medida que asumen mayores obligaciones es justo que alcancen mayores derechos. Cualquier desproporción no les ayudaría. El liderazgo tiene que estar seguro de los objetivos para no sentirse amenazados si los adolescentes hacen las cosas bien y para no transmitirles frustración si hacen las cosas mal. También la conexión entre líderes y padres es importante para no tener problemas. En la medida que el liderazgo tenga buenas relaciones con los padres, tendrá menos problemas de interferencia con la disciplina del hogar.

Relaciones significativas: La necesidad de reflejarse en otros para definir la propia personalidad, hace que los adolescentes determinen sus sueños, carácter y valores en gran medida según quién los influencia de manera más cercana. Pablo decía: "Sed imitadores de mi, así como yo de Cristo" (Filipenses 3:17) y no decía eso

---

20   (Anderson 1996:15)

21   De Editorial Unilit.

porque era Argentino. Ellos necesitan de esas relaciones para responder a cuestiones difíciles. Por eso debe ser un objetivo de los líderes proveer relaciones fuertes y cómo Pablo indicaba, estar dispuestos a convertirse en ejemplos tangibles de las características que a Dios agradan y que van a hacer de los jóvenes personas de bien. En relación a lo dicho en el carril social, debemos hacer eventos y actividades que sirvan para que los jóvenes se hagan amigos sin tener vergüenza en decir que ese es el principal objetivo. Claro que los propósitos van a estar de fondo, pero crear una clima de amistad que facilite el tipo de relaciones que estamos planeando puede ser la idea motora de un componente del programa y está muy bien que sea así. Juntarse a comer pizza, llevar un grupo al cine, invitar a cenar a tu casa y demás actividades de este tipo es visto como parte del programa por casi todos los líderes eficaces.

Cultivar valores sanos: De una juventud contestataria y rebelde de los años sesenta a los ochenta, que se levantaba contra los valores de una sociedad a la que se oponían, pasamos a una generación que ha perdido algunos valores de tal manera que en muchos casos no debemos luchar contra la inmoralidad sino contra la amoralidad . Así nos pasó cuando empezamos nuestro ministerio juvenil en California. Nos encontramos con jóvenes que no podían distinguir lo bueno de lo malo. Acostarse con quien le diera ganas, quedar embarazadas antes de casarse y mentir sin razón lógica era cosa de todos los días y no sentían ninguna culpa al hacerlo. Muchas veces con mi esposa llamamos a nuestro trabajo el ministerio de "re-educación.". Si la Iglesia ha de ser sal y luz; pasar del a-valor a la elaboración de valores debe ser un objetivo. La manera de participar proactivamente en esta faceta tiene más que ver con modelos que con el habla. Los valores se transmiten mayormente por las acciones y no por el discurso. Pero también se puede enfocar ciertas actividades hacia algún valor que consideramos importante y hacer algo más que dar una clase hablada al respecto. El ministerio juvenil debe compensar aquello que no ha sido enseñado en la familia o que la escuela ha tergiversado y no me refiero solo a los "valores cristianos" (Si es que no se puede llamar así a los siguientes). Ser buenos ciudadanos, trabajadores responsables, esforzarse en los estudios, la organización del futuro y demás son cuestiones que posibilitan llenar de creatividad el programa y pueden atraer a muchos jóvenes a la iglesia demás de hacer crecer integralmente a los que ya tenemos.

Descubrir vocación: Uno de los secretos en la pastoral del adolescente es descubrir el potencial del liderazgo que ellos mismos tienen y darles la oportunidad de servirse unos a otros. En el servicio fluyen los dones espirituales pero también la vocación. Al llegar el fin del ciclo secundario muchos jovencitos se encuentran perdidos de qué hacer con su futuro. Dónde y cómo invertir su tiempo para construir su futuro es una decisión muy importante como para que la iglesia esté ausente. Muchas iglesias se quejan de que luego de esta decisión pierden a sus jóvenes. Una las razones es porque no participamos en el proceso de elección de la carrera. A medida que se acerca el fin del secundario se acorta la posibilidad de acompañar a los adolescentes con esta decisión. Facilitar conversaciones con profesionales, investigar las posibilidades de cursos terciarios, carreras universitarias y hacer contactos de trabajo debe ser otro objetivo especifico del ministerio con adolescentes. En casi toda iglesia hay más de un profesional que pueda contar acerca de su carrera. Existen Tests que pueden ayudar. El programa creativo y el protagonismo acentuado también facilitarán las posibilidades de que los adolescentes ganen experiencias haciendo cosas diferentes. Si evalúas con detenimiento cómo tu programa se conecte con esa necesidad tan importante seguramente te vendrá un torrente de ideas de qué hacer. Suplir esta necesidad enriquece las actividades de la iglesia porque además de hacerlas más atractivas las hace increíblemente relevantes para la vida completa de la juventud. He conocido ya varias iglesias que han empezado a aplicar esta conexión con preciosos resultados. En uno de los casos a una iglesia les han ofrecido las aulas de una escuela pública para ofrecer Tests y clases de orientación vocacional que han servido para que jóvenes no creyentes se empezaran a relacionar con la gente de la iglesia y verlas como personas que están verdaderamente interesadas en ellos y no fanáticos religiosos.

3. Se Conectan con los Propósitos

Las iglesias o el liderazgo sin dirección, orientados a "mantener" un grupo de jóvenes dependen de actividades esporádicas para encender el entusiasmo en sus adolescentes. Un café concert, un campamento o una obra de teatro ciertamente levantan el ánimo y atraen a más adolescentes pero para edificar un ministerio juvenil efectivo es necesario que los propósitos sean el motor principal de por qué se hace lo que se hace. Ya conversamos de que los propósitos deben estar claramente comunicados y deben convertirse en el blanco del crecimiento espiritual de nuestros jóvenes. Detrás de cada actividad debe haber una motivación clara que la trascienda. ¿Por qué se hace un campamento? ¿Para qué se hace un concierto? Muchas veces los propósitos solo son excusas para realizar la actividad pero no son la verdadera motivación y eso se refleja en los resultados. Por ejemplo, la mayoría de las bandas de rock cristianas aseguran que su propósito es evangelizar, sin embargo solo tocan en los templos donde los perdidos dudosamente admitirían ir. Muchos conciertos se dice que son evangelísticos pero la publicidad solo se hace en otras iglesias, y aclaro: no creo que haya nada de malo en hacer conciertos o tener bandas que son solo para cristianos. ¡Están muy bien! Lo que digo es que hay que ser honestos. La pregunta por qué y para qué lo hacemos es fundamental para empezar y después el liderazgo debe buscar medios, estrategias y metodologías para alcanzar esos resultados que se esperan. Un liderazgo juvenil eficaz entiende los propósitos y traza metas programáticas para lógralos efectivamente. Se dice mucho que los jóvenes que han crecido en la posmodernidad no tienen ideales pero muchas veces es porque no hay líderes que los motiven en alguna dirección y cultiven esperanzas por lograr esos cometidos a través de actividades inteligentes.

Piensa en el propósito del evangelismo por ejemplo ¿Cómo alcanzar a los adolescentes que viven en nuestro barrio? Los misioneros en seguida te dicen que hay que hacerse preguntas respecto a sus costumbres, gustos y tendencias de pensamiento. Los programas deben tener en mente el blanco y jugarse a hacer cosas que verdaderamente ayuden al ministerio a llegar a dónde se proponen llegar. Piensa en esto: si quiero que vengan jóvenes nuevos, ¿A dónde es más fácil atraerlos? ¿A nuestro templo o la casa de algún otro joven? Esas preguntas son un ejemplo de plantearse la conexión entre nuestro programas y los propósitos.

Las iglesias orientadas a guardar las tradiciones y "mantener" un grupo de jóvenes considera más importante a ciertas reglas, actividades o normas que quizás alguna vez sirvieron, antes que sacrificarlas por alcanzar más adolescentes. Para construir un efectivo ministerio a una nueva generación es importante estar siempre evaluando todo lo que se está haciendo. No podemos llevar a la generación del nuevo milenio al cumplimiento de los propósitos de Cristo con las metodologías de los setentas ni podemos seguir dependiendo de actividades esporádicas que no tengan los propósitos en mente y no estén relacionadas a una programación coherente.

4. Se Conectan con lo que Atrae a la Juventud

Los líderes juveniles deben hacer contacto con los temas de interés y los códigos de la juventud. La iglesia y la realidad de los jóvenes no pueden estar divorciadas en el discurso y la dinámica del ministerio juvenil. Los programas deben siempre hacerse la pregunta ¿Qué es atractivo para ellos? Claro que no es la única pregunta y por eso ya hablamos de propósitos; pero esta pregunta es muy importante para elaborar una programación atractiva y divertida. Ya señalamos que muchos líderes caen en la tentación de autoabastecer sus propios gustos o sus propias habilidades a la hora de establecer los programas. Respecto a gustos, suele ocurrir que los líderes tratan de imponer todo lo que ocurre según sea lo que a ellos le atrae. Por ejemplo la música. Recurro a mi experiencia: A mi me gustan bandas como Zona 7, Rojo, Rescate, Audio Adrenaline, Jars of Clay y Sonic Flood por nombrar algunas, pero no me gusta para nada el rap. El estilo rock alternativo funcionaba muy bien cuando ministraba jóvenes en Argentina así que al llegar a mi nueva misión en Estados Unidos traté de exportar aún mis gustos musicales. Mis nuevos jóvenes no decían mucho pero al irme relacionando más íntimamente pude descubrir que en sus cd-players (porta discos portátiles) escuchaban rap. Al caer en cuenta comencé a buscar rap cristiano para poner al empezar las reuniones y usar durante los juegos. Allí si tuve los primeros comentarios en cuanto a la música. Confieso que todavía me cuesta soportar el rap y jamás lo escucharía solo en casa en un momento de meditación, pero era evidente que para mis adolescentes eso era una muestra de interés en sus gustos y también un crea ambiente importante para que consideren atractiva la reunión.

> No podemos llevar a la generación del nuevo milenio al cumplimiento de los propósitos de Cristo con las metodologías de los setentas.

Los líderes no podemos hacer todo como a nosotros nos gusta. Si el ministerio está dedicado a discipular y evangelizar jóvenes lo más apropiado es que la música, los horarios, el decorado y los temas de conversación tengan que ver con sus realidades cotidianas. Algunos padres y líderes me han reclamado diciendo que los jóvenes de la iglesia no deberían parecerse a los adolescentes del mundo, y estoy completamente de acuerdo. Nuestros valores deben ser diferentes. Pero muchas de las cosas que discutimos o que no suelen ser atractivas en la mayoría de las iglesias son cuestiones de gusto, costumbres, moda y cultura y no tienen nada que ver con los valores o a-valores respecto al evangelio.

Los adolescentes pasan más tiempo interactuando con sus compañeros de escuela que con nadie más. Por eso la iglesia no solo debe tener respuestas para los jóvenes que ya deambulan en sus templos sino también para sus compañeros. Nuestro jóvenes evangélicos participan en conversaciones acerca de los músicos, deportistas, estilos y modas preferidas de sus amigos, con quienes también hablan de sus presiones, problemas en sus casas, y deseos. El programa debe prestar atención a todas estas cosas e incluirlas en la temática de los mensajes y también en los juegos, canciones y dramatizaciones. Es increíble como los jóvenes se relacionan cuando ven que las reuniones rozan los mismos temas de conversación de lo que hablan con los compañeros de la escuela o lo que está sucediendo en la sociedad entera en esos momentos. Conocí a un líder que constantemente nombraba a actores, actrices, músicos y deportistas de moda en sus mensajes y con eso lograba una increíble atención de parte de su clase. Un día le pregunté al respecto y me dijo que no solo lo hacía para captarles la atención sino que él sabía que los gustos y dichos de esas personas estaban afectando a esta generación y él quería que sus adolescentes pudieran reflexionar y usar el sentido crítico para no dejar pasar esos mensajes solo porque venían de alguien popular.

Las diferentes "tribus" juveniles tienen diferentes hábitos de salida además de las diferencias de posibilidades en distintos barrios, por eso el liderazgo de cada iglesia también puede conectarse con la realidad de los jóvenes yendo a dónde a ellos les gusta ir.¿Qué tal un cambio de escenario? Si a nuestros jóvenes les resulta más natural o interesante ir a estos lugares, por qué no llevar el ministerio a veces allí.

1. Casas
2. La esquina (Piénsalo)
3. Pizzerías y hamburgueserías
4. Centro comercial
5. Club
6. Video juegos
7. Plaza
8. Escuela
9. Cine
10. Museo

Construir un ministerio efectivo a los adolescentes demanda un cristianismo despojado del típico dualismo entre templo y mundo. Si estamos enfocados en la extensión del Reino en todo lo que hacemos nuestros jóvenes serán la iglesia en las escuelas, en los trabajos y en el barrio. Para construir un ministerio a los jóvenes de hoy es necesario cambiar de programas reunión-céntricos a programas persona-céntricos si se les puede llamar así.

Piensa en estos elementos de nuestra cultura y de la vida diaria de tus jóvenes y te invito a pensar en ellos como recursos que se pueden usar para hacer de nuestros programas citas imperdibles para la juventud:

- Videos
- Radio
- Disk Jockey
- Cámara
- Grabadora
- Revistas
- Televisión

5. Se Conectan con el Calendario Anual: Planificar

Nadie planea fracasar, sin embargo muchos fracasan por no planear. Los ministerios que no planean caen más fácilmente en la rutina, el aburrimiento, la ineficacia o el des balance. En el caso de los propósitos, ya dijimos que es natural que orientemos la mayoría de las actividades hacia aquellos con los cuales nosotros mejor nos identificamos. Es muy común hoy ver a aquellos que al fascinarles la música y ser ministros de alabanza por ejemplo, están tentados o orientar casi todas las actividades en esa dirección. Este problema puede solucionarse ágilmente con un calendario. La visión dada por Dios al liderazgo debe traducirse en una programación efectiva y esta puede verse mejor en una planificación anual, semestral o trimestral.

Algunas iglesias han espiritualizado su falta de organización reclamando que es la frescura del Espíritu la que ellos intentan, como si el Espíritu tuviera un contrato con Polaroid y solo hiciera productos para cámaras instantáneas. Pareciera que estas personas no pudieran entender que el Espíritu nos puede guiar al momento de planear, elaborar y usar la cabeza respec-

> Nadie planea fracasar, sin embargo muchos fracasan por no planear.

to a los para, qué y cómo del ministerio juvenil en vez de solo hacerlo en el minuto exacto que estamos abriendo la boca frente a los jóvenes. La verdad es que estas son las iglesias que se quedan estancadas en la rutina, el uso de frases evangélicas hechas (¿Cuántos están contentos?) y en el estrado de la condena; siempre es lo más fácil de hacer decirle a los chicos lo que no deben hacer (como si no supieran).

La siguiente es una lista de excusas comunes de por qué no se planea en los ministerios juveniles:

- Porque no sabemos hacerlo...
- Por que no nos hace falta...
- Por falta de tiempo y dinero...
- Por falta de continuidad en el liderazgo, debido a la edad o transitoriedad...

Quizás la última no sea un excusa sino un problema serio y una tendencia que debe cambiar. Muchos líderes duran tan poco en su posición que es muy difícil calcular algo a largo plazo. Pero sea cual sea la razón: no planear equivale a dejar las cosas libradas al azar y depender de los artilugios personales del líder de turno. Si queremos una programación atractiva y efectiva para cumplir con los mandamientos de Dios en nuestros ministerios es necesario dedicarle tiempo y esfuerzo de reflexión a cada uno de los componentes del programa y ubicarlos estratégicamente. Cuando se planea no se produce confusión y duplicación de esfuerzos. Se ahorra tiempo y se trabaja con menos nerviosismos.

Las necesidades esenciales de la juventud no serán resueltas en una reunión, por eso en la correcta planificación volvemos a revisarlas vez tras vez desde distintos enfoques, quizás desde los distintos carriles y con distintas actividades. En el caso de los carriles obviamente es difícil que una sola actividad tome contacto con todos, lo cual pone en evidencia que hace falta que también se haga planes en este sentido.

En la correcta planificación siempre es bueno visualizar lo que se está haciendo. Medir el éxito obtenido o planificarlo renueva el entusiasmo. La siguiente tabla tiene el objetivo de servirte de ayuda para visualizar tu programación futura o pasada en cuanto a los propósitos, los carriles del desarrollo y las necesidades. En cada casilla puedes poner lo que vas a hacer o lo que ya estuviste haciendo.

> Algunas iglesias han espiritualizado su falta de organización reclamando que es la frescura del Espíritu la que ellos intentan, como si el Espíritu tuviera un contrato con Polaroid y solo hiciera productos para cámaras instantáneas.

> Cuando se planea no se produce confusión y duplicación de esfuerzos. Se ahorra tiempo y se trabaja con menos nerviosismos.

Evaluación Programática De Tres Meses

	Mes 1	Mes 2	Mes 3
PROPÓSITOS			
Adoración			
Servicio			
Evangelismo			
Discipulado			
CARRILES DE DESARROLLO			
Físico			
Intelectual			
Emocional			
Social			
Espiritual			
NECESIDADES ESCENCIALES			
Sentido de Identidad			
Ganar Independencia			
Relaciones Significativas			
Cultivar Valores			
Descubrir o Reforzar Vocacion			

Al poner los datos en la tabla se hace más evidente qué es lo que verdaderamente estamos haciendo y cuáles son las debilidades del programa. Obviamente que también puedes usar un calendario dónde puedas poner notas. En mi iglesia siempre trabajé preparando calendarios anuales que todos los líderes guardaran en su agendas y además publicamos uno mensual para que todos los jóvenes pudieran ver qué había ese mes y quién participaba de cada actividad.

La dedicada planificación también motiva la oración inteligente y la búsqueda espiritual de dirección ante cada desafío: Esto es especialmente pertinente para América latina: por regla general a nosotros nos cuesta programar y hasta nos enorgullecemos de ser espontáneos. Pero deja a un veterano del ministerio juvenil, que sabe bastantes trucos creativos para hacer en una reunión, decirte que con eso no basta. Innumerables veces me encontré delante de la cara hambrienta de mis jóvenes si nada nuevo para darles porque no había planeado bien lo que íbamos hacer. Otras veces dejé que la agenda de mi trabajo, mis estudios y cuestiones familiares afectara mi ministerio por no planear de ante mano cuando iba a estar listo para dar lo mejor y cuando era mejor que otras personas estuvieran al volante. Te repito la frase: no fracases por no planear.

Recuerda, los programas efectivos se conectan:

1. Con los 5 carriles del desarrollo.
2. Con las 5 necesidades esenciales.
3. Con los 4 propósitos para el área espiritual.
4. Con lo que atrae a la juventud.
5. Con el calendario anual (planificar).

Ahora un capítulo de ideas prácticas.

Capítulo 6 **Hoja de Trabajo**

para uso personal o equipo de trabajo

1. ¿Qué actividades puedes integrar a tu programación para influenciar positivamente los cinco carriles del desarrollo?

2. Pensando en cada una de las cinco necesidades fundamentales, considera las características de tu ministerio y menciona al menos una actividad que puedes hacer para responder a cada una de las necesidades.

3. Haz una lista de lo que crees que más atrae a tus jóvenes y luego compara tu lista con las respuestas que un buen grupo de ellos den al cuestionario de la página 49.

4. ¿Por qué y cómo puedes contestar tus programas a los propósitos eternos dejados por Cristo para la Iglesia?

www.especialidadesjuveniles.com

Ideas para una Programación Efectiva

"La imaginación es más
importante que el conocimiento"
Albert Einstein

¿Qué líderes no quieren que sus actividades causen una explosión en la juventud? Yo quiero. Dijimos al principio de este libro que no hay una formula mágica para el liderazgo juvenil efectivo, ¡pero una buena cantidad de ideas innovadoras vienen muy bien! Ya sabemos de los campamentos, los conciertos y las cruzadas. Seguiremos usando eso, pero me faltan algunos conceptos que vengan rellenos de ideas frescas.

En este capítulo aparecen las siguientes ideas de cómo elaborar una programación acertada:

- 10% de cambio funciona mejor
- Aprovechar las fechas importantes de los jóvenes
- Mantener latente el factor sorpresa
- Favorecer sana competencia
- Usar recursos de la comunidad
- Sacar provecho de grandes eventos
- Como lograr que tu actividad fracase

10% de Cambio Funciona Mejor

Carlos era un líder juvenil que asistió a uno de los seminarios que estábamos compartiendo en una ciudad de Centroamérica. Cuando escuchó la historia de mis alumnitos de tenis y cómo daban vuelta en círculos pensó – *eso es lo que nos ocurre a nosotros*- Al terminar mi exposición él se me acercó y me preguntó si podíamos conversar unos minutos. Me senté con él y ni bien empezamos a hablar me soltó una chorrera de ideas locas que tenía para hacer en su congregación. Las ideas me parecieron fantásticas y lo alenté a que siguiera con el buen trabajo que estaba haciendo. Al cabo de unos meses me encontré a Carlos en un congreso y le pregunté como le estaba yendo y si había implementado alguna de esas ideas. Me miró con pena y con la cabeza baja me dijo que no había podido. Ni bien volvió de aquel seminario trató de dar vuelta su ministerio juvenil y hacer todo lo que no había podido hacer hasta ese momento. En contados días tenía en su contra a media iglesia y sus jóvenes no había reaccionado a sus ideas como él esperaba. Sus ideas eran geniales pero al haber querido cambiar todo de repente no había logrado que otros entendiesen lo que estaba tratando de hacer y hasta sus jóvenes se sentían medio confundidos. Volvimos a sentarnos a conversar. Esta vez le refresqué una palabra que es muy importante en el liderazgo: **proceso**. Hacer cambios lleva su tiempo y pro eso cambiar todo de repente no es el camino más conveniente.

En mi propia práctica ministerial aprendí que cambiar de al 10% funciona mejor. A veces estamos tan pendientes de buscar el factor: GUAUU (el cuál hay que buscar cada tanto) que perdemos de vista que haciendo un pequeño cambio a algo que ya hacíamos muchas veces genera una energía superior que a una cosa totalmente nueva ¿A qué me refiero? Seguramente estuviste en algún campamento en el que tocaron de una forma nueva una canción vieja o le cambiaron un pequeño detalle a un juego más viejo que el diablo y fue un éxito increíble. Un himno tocado en tiempo moderno y un juego con un detalle adaptado específicamente para tu actividad pueden ser un factor importantísimo par detonar una explosión. Las cosas totalmente nuevas en general demandan un período de adaptación o explicación que se pueden ahorrar con solo renovar un detalle a algo viejo.

Ir renovando los programas y actividades hay que hacerlo de a poco pero con elegancia y creatividad. Piensa en cómo darle una pequeña vuelta de rosca a las cosas que ya haces y puedes encontrar una completa nueva dimensión de la actividad.

Aprovechar las Fechas Importantes de los Jóvenes

¿A quiénes no les gusta que recuerden su cumpleaños o que los feliciten cuando se gradúan o hacen algo bien? El ministerio juvenil es un excelente ambiente para hacer fiesta y la buena noticia es que las fiestas suelen ser una poderosa herramienta para romper el hielo entre distintos estudiantes, integrar a nuevos miembros y hacer sentir valioso a uno o una de tus jóvenes en una ocasión que es importante para ellos. Yo me acuerdo cuando era adolescente y transportaba mi cuerpo a una reunión solo para estar en el lugar correcto para que me llevaran a un cumpleaños que venía después. ¿Por qué crear un divorcio entre lo que los jóvenes desean hacer y es bueno y la reunión? ¿Qué tal llevar la reunión al cumpleaños o el cumpleaños a la reunión? Fue a nuestro Señor que lo criticaron por pasársela de fiesta y Él fue el que comparó al reino de los cielos a una fiesta de bodas (mateo 22:2-4).

En nuestra iglesia instalamos una fiesta de graduación para todos los que terminaban el secundario y otra para los que terminaban la universidad aunque fuera uno solo. También una fiesta anual de bienvenida para los que entraban al ministerio de jóvenes viniendo de las clases de niños. Comienzo y fin de clases y épocas de examen son fechas de estudios a los que tenemos que prestar atención en nuestras actividades y en nuestros temas.

También es bueno estar enterados de fechas importantes en las actividades sociales o hobbies de ellos. Por ejemplo algún partido definitorio si tu joven practica algún deporte por su cuenta o algún recital si ellos practican algún instrumento y van al conservatorio. Es buena idea llevar al resto de los jóvenes si no tienes un grupo tan grande o al menos puedes hacer una invitación abierta y ver quienes van. Para los jóvenes protagonistas puede ser una experiencia inolvidable tenerte ahí. Me acuerdo una de mis adolescentes que jugaba al voley en un campeonato municipal y sus padres me contaron que pronto iba a ser la final. Averigüé el día y me aparecí en el partido con algunas de sus amigas de la iglesia. Ella no sabía que íbamos a ir y estaba ya jugando cuando sintió que tenía un grupo de fans en las gradas que coreaban su nombre. Claro que le dio vergüenza (en especial yo), pero su reacción hacía el ministerio juvenil y hacia mi nunca volvió a ser igual.

Mantener Latente el Factor Sorpresa

Ahora vamos por las bocas abiertas y las sonrisas de emoción. La queja más común de los jóvenes respecto a la iglesia es que ir es: (todos juntos) ¡A B U R R I D O! ¿Una de las razones? Las actividades son totalmente previsibles. Se saben el orden, tus frases preferidas, el escenario nunca cambia y la única gran novedad es que ahora el grupo de alabanza se aprendió una con saltito. ¡Vamos!... podemos hacer mejor que eso. ¿Qué tal que llegues a la reunión y te encuentres con un video de cosas que hiciste en la semana? ¿Alguien te siguió? ¿Cómo tienen eso? ¡Qué peligro! Mejor vengo más seguido. Llego y resulta que está la cantante del disco que a mi me gusta y nadie había dicho nada. Me dicen que mire debajo de mi asiento y me encuentro un chocolate. Llego tarde y noto que hoy hay demasiados jóvenes en la reunión. Es que mis líderes arreglaron una reunión unida con otra iglesia porque el tema es la unidad. Llego temprano y veo que hay una enorme cortina de cartón tapando la puerta desde el techo hasta mis rodillas y tengo que agacharme para espiar qué pasa, cuando veo un cartel que dice: "el que se humilla será exaltado – hoy entramos bajando la cabeza." Entro y resulta que el tema de la noche es reconocer quién es el Señor y entregarnos humildemente a Él. ¿Qué tal, te empiezan a dar ganas de ir a esta congregación? Falta mucho todavía, las posibilidades son inagotables.

La sorpresa es importantísima para mantener la atención y el interés. Hacer siempre lo mismo cansa y es un pecado cansar a los jóvenes con el evangelio. A mi me encanta pensar en un Jesús divertido. Reviso los evangelios y encuentro que los discípulos se lo pasaban de sorpresa en sorpresa. Primera reunión: Jesús convierte al agua en vino. Segunda: les pide que le den de comer a una multitud y cuando ellos ya no saben como esconderse convierte un par de panes y pescado en un festín multitudinario. Tercer sábado: aparece caminando por el agua. Cuarto: manda unos demonios a unos cerdos. Quinto: resucita. Sexto: se les aparece en el camino pero no les deja saber quién es. Es evidente que a Jesús le encantaba andar sorprendiendo a sus jóvenes.

> Hacer siempre lo mismo cansa y es un pecado cansar a los jóvenes con el evangelio.

Si te tocó estar en una iglesia de una ciudad grande es muy probable que entre tus filas tengas a algunos jovencitos con desordenes de atención o que tienen demasiada azúcar encima como para quedarse quietos durante toda una reunión. Esperar que se queden sentados todo el tiempo sin moverse y sin hablar con los de los costados es inhumano ¿Huhh? Si. Quizás esperabas que te diga como mantenerlos quietos toda la reunión pero la verdad es que si ese es tu plan para los adolescentes es un plan equivocado. El movimiento y la sorpresa son especialmente útiles para jóvenes inquietos y a los que les cuesta mucho concentrarse. Considerando los cambios ocurriendo en los carriles del desarrollo y la cantidad de estímulos que reciben hoy a través de la televisión y el cine, tenemos que darnos cuenta que no podemos seguir usando siempre la misma estrategia. Un pastor de jóvenes muy conocido hace un tiempo me discutía diciendo que lo verdaderamente importante era la palabra y a eso era lo único que debíamos prestarle atención. Yo le dije que estaba completamente de acuerdo, pero le pregunté a qué se refería cuando decía "la palabra." Hizo un silencio y trató de retener las frases que pedían salir de su boca. Se dio cuenta a dónde iba mi pregunta. "La palabra" en sentido estricto es Cristo. Él es el verbo, el logos, el camino, la verdad y la vida. Ni siquiera la Biblia es esas cosas y mucho menos una metodología de comunicación que se llama predicación. Cristo tiene que ser Él más importante en todo lo que hacemos y debemos comunicar su voluntad y los propósitos que nos dejó como misión, pero podemos hacerlo de maneras renovadas, frescas y sorpresivas considerando la enorme competencia que tenemos por la atención de nuestros jóvenes.

¿Algunas ideas más? Si puedes búscate alguien con una cámara y visita de sorpresa a alguno de tus jóvenes. Puedes avisarle a sus padres lo que vas a hacer y despertarlos el sábado por la mañana y entrevistarlos a ellos, mostrar su perro, etc. y después pasarlo en la reunión y anunciar que por un tiempo todos los sábados vas a sorprender a alguno. Otra idea es decorar tu salón, clase o templo según el tema que vas a tocar. En los campamentos de LAGRAM tenemos la tradición de hacer las "noches en." Se trata de una noche en que todos los voluntarios decoramos el salón comedor según algún tema que hayamos elegido antes y también nos disfrazamos a tono con el tema. Algunas de esas noches han sido en el circo, la selva, Hawai, la cárcel, un hospital, el polo, el arca de Noé, el espacio, Madrid, el lejano oeste y Pekín. Pero no es necesario esperar a un campamento para hacer eso. Puedes hacerlo en cualquier reunión si lo planeas bien. ¿Una más? Ponte de acuerdo con algunos padres y adultos de la iglesia y prepara una buena cena para abrir la reunión. Puede ser pizza, espaguetis, tacos o lo que se coma en tu ciudad que preferiblemente sea simple. Desde un rato antes de la hora de la reunión mantén las puertas cerradas y coloca un par de voluntarios del lado de afuera que estén preparados para aguantarse la presión de los que quieren entrar (es curioso pero cuando no pueden entrar es cuando más quieren hacerlo).Que estén disfrazados de cocineros o algo gracioso y que mantengan el buen humor mientras tratan que los jóvenes esperen afuera. Adentro prepara mesas con manteles para que ello se sienten y pasados unos minutos (que no sean demasiados), abre las puertas y dales la bienvenida a la cena sorpresa. Sirve la comida lo más rápido que puedas y no tengas temor de cortar el servicio pasada cierta hora. De esta manera, además de la sorpresa, le estarás enviando un mensaje a los que llegan tarde (se perdieron la comida) y evitas mayores distracciones en el resto del programa ¿tema para la noche? Alimento sólido (1 Corintios 3). Siguen más ideas en el resto de estas paginas.

Favorecer Sana Competencia

Un poco de competencia sacude la adrenalina. Es imposible negarlo, los seres humanos tenemos un monstruo competitivo adentro. En algunos casos es un monstruo feo y destructivo y por eso hay que aprender a domesticarlo. Si bien no podemos darle rienda suelta tampoco funciona negarlo y no usarlo. Dios nos lo regaló para divertirnos, establecer relaciones de equipo y sacar lo mejor de nosotros. Favorecer un poco de sana competencia sirve para energizar cualquier cantidad de actividades. ¿Qué buen campamento no ha usado cierta competencia? Lo mismo se puede traer al resto de las actividades juveniles. A algunas iglesias les ha funcionado tener un cierto número de equipos fijos por año que compiten para ganar un buen premio a fin de año (eso si, sus líderes recomiendan que el premio debe ser bien bueno para que los jóvenes mantengan el entusiasmo). Jugar es importantísimo para el ministerio juvenil. Los juegos facilitan la interacción, generan camaradería, propician entusiasmo y valorizan habilidades mentales, físicas, y emocionales que no salen a la luz en la clásica posición de mirarle la caspa al que está sentado adelante tuyo. El autor de Eclesiastés nos decía que hay tiempo para reír y tiempo para danzar (Eclesiastés 3:1-4) y es obvio que los cristianos tenemos mucho que celebrar. Podemos hacerlo jugando, creando actividades que rompan el hielo de la activa participación y para eso ayuda mucho las competencias entre equipos.

> Los juegos facilitan la interacción, generan camaradería, propician entusiasmo y valorizan habilidades mentales, físicas, y emocionales que no salen a la luz en la clásica posición de mirarle la caspa al que está sentado adelante tuyo.

Claro que al hablar de competencia no estamos hablando de generar violencia ni peleas. Estas son algunas ideas para mantener al monstruo que mencionábamos encauzado:

- Usar equipos cambiantes entre actividad y actividad. Cuanto más dura un equipo más serio se lo toman.

- Combinar entre equipos naturales (ejemplo: hombres-mujeres) y equipos fabricados.

- Si el resultado está muy inclinado para un lado, hacer que se jueguen todo en la última partida. De esa manera están todos en iguales condiciones para el desenlace y solo se gana por una jugada.

- Usar distintos criterios para armar equipos (ejemplo: por mes de nacimiento, por escuela, por edad, por música favorita, por celebridad preferida, por azar, por sorpresa abajo del asiento...)

- No ser muy intensos nosotros. Es muy común ver líderes que se apasionan tanto por la competencia que pierden el control de una atmósfera sana.

- Tener en mente el propósito de la actividad. Sea para integrar, divertir o ilustrar algún principio o tema, no debemos olvidar para qué la hacemos. Eso nos ayudará a mantener la actitud justa.

- Si sabes que cierto deporte o juego va a ser difícilmente controlado, evítalo.

- Cuando tienes equipos grandes asegúrate de tener voluntarios "infiltrados." Es decir jóvenes o líderes en los cuales confías que trabajen para que más jóvenes participen en sus equipos y mantener la actitud correcta. Digo infiltrados porque no necesariamente están en el equipo como líderes oficiales, simplemente están como los demás pero tu sabes que ellos si entienden el propósito más allá de la competencia.

Si no tienes un manual de Juegos consíguete uno urgente. Especialidades Juveniles tiene uno de juegos editados por Mike Yaconelli que puedes revisar visitando www.EspecialidadesJuveniles.com o encargándolo en tu librería cristiana favorita.

Usar Recursos de la Comunidad

Uno de los pecados evangélicos ya mencionados en alguna de nuestras charlas de café es el "templismo." La limitación de no poder visualizar nuestros ministerios fuera del templo. Hace poco conversaba con un líder juvenil que me decía que ellos no tenían actividades deportivas porque no tenían un gimnasio como el nuestro. Claro que tener un gimnasio nos ayudaba pero yo conocía el barrio de este líder y sabía que tenían un precioso parque a tres cuadras de su centro de reuniones.

En casi todos los barrios y ciudades hay cantidad de recursos que los líderes juveniles podemos usar. Es increíble la cantidad de lugares y entidades que gustosamente podrían beneficiar nuestra programación juvenil sin tan solo empezamos a contar con ellas. En algunos casos habrá que ir y sentarse con sus responsables. En muchos casos hasta sirve para dar testimonio de Cristo y sobre todo sirve para que la congregación deje de tener ese halo misterioso que tiene para los no creyentes. Me acuerdo la historia de Jorge. Él era un líder juvenil de una iglesia bautista que muchas veces me había comentado que era dificultoso para ellos crecer o tener reuniones juveniles atractivas en su templo tan viejo y frió. En cierta ocasión Jorge conoció a la directoria de la escuela primaria que estaba en la otra esquina de su cuadra y la misma señora le habló de una feria de atracciones que iban a tener en la escuela para juntar dinero para pintar el frente de la escuela. Jorge decidió ir con alguno de sus jóvenes y se encontraron con un precioso salón de actos con piso de madera y sillas movibles ideal para las actividades juveniles. Cuando saludaron a la directora Jorge tomó fuerzas y le preguntó si había alguna posibilidad de usar ese salón los sábados. La directora le dijo que lo iba a pensar y lo iba a llamar. Esa semana la directora lo llamó por teléfono y le preguntó a Jorge si con sus jóvenes se animaban a pintar el frente de la escuela. Si lo hacía le daba todos los sábados del resto del año para hacer las reuniones de jóvenes. Obviamente Jorge lo hizo.

No se si es posible que te den un salón de escuela en tu comunidad pero si quiero invitarte a que busques más allá de la frontera del templo para ver qué puedes usar a tu favor. Es increíble como una de las señales de cantidad de ministerio efectivos es que utilizan instalaciones y recursos que son de la comunidad.

Una lista de ideas:

- Oficina municipal de juventud: Muchos municipios o ciudades tienen una oficina gubernamental de la juventud. En muchos casos aún por razones políticas, estás oficinas están listas a darte ayuda para conseguir predios, permisos o conseguirte descuentos para hacer eventos de beneficencia o aún evangelísticos.

- Museos: ¿Tienes algún museo cerca? Acuérdate del desarrollo intelectual y aunque al principio les suene que puede ser aburrido, pude llegar a ser muy interesante y pude ofrecerte una salida bien diferente.

- Parque de diversiones: ese parque o feria que tienes cerca puede perfectamente servirte para que organices una salida con tu grupo de discipulado. ¿Tiene un costo? Intenta hablar con el encargado antes y dile aproximadamente cuantos jóvenes traerías y qué tipo de grupo son. Seguramente puedes conseguir algún descuento.

- Centro de adolescencia: Algunos hospitales o sanatorios tienen centros o departamentos de juventud. En estos lugares se puede encontrar dos cosas: Una es médicos y o psicólogos que pueden ayudarte a dar alguna clase de educación sexual o problemática juvenil. Claro que debes cotejar lo que le comunicarían a tu grupo. Pero hay algunos temas neutros que perfectamente puede dar un no cristiano. Por ejemplo: enfermedades venéreas, como se contagia el SIDA, de qué se trata y otros. Lo otro que puede haber en estos centros es jóvenes internados. Ahí tienes una excelente oportunidad de ministración. Organizar equipos que visiten a estos jóvenes y les den testimonio del amor de Cristo es obviamente beneficioso para los que reciben el mensaje pero también es una experiencia transformacional para los jóvenes que lo dan.

- Aulas de escuela: Además del ejemplo de Jorge, hay muchas cosas que se pueden organizar en una escuela. Anteriormente compartíamos el ejemplo de esa iglesia que empezó cursos de orientación vocacional. Otra idea es ofrecer asistencia escolar a los jóvenes a los que les cuesta la escuela. En muchas ciudades cuando los jóvenes están por reprobar sus padres pagan por maestros particulares que ayuden a sus hijos en una determinada materia. Qué tal ofrecer eso gratis o más barato utilizando los talentos de algún miembro de la congregación que pueda ayudar con eso. Sin dudas que ofrecer algo así va a atraer la atención de muchos padres que empezarían a esta agradecidos con el ministerio juvenil de la iglesia.

- Plazas, parques y hasta cines entran todos en este consejo de usar los recursos que ya están allí en nuestras comunidades.

Sacar Provecho de Grandes Eventos.

Después de escucharme hablar de la importancia de establecer alianzas estratégicas entre los pastores de jóvenes de una ciudad, una líder juvenil me confesaba que nunca había dejado ir a sus jóvenes a un congreso muy famoso de su ciudad porque le daba miedo que sus jóvenes la compararan con otros líderes que iban a escuchar ahí o que vivieran algo que ella no podía darles y se terminaran desanimando con su iglesia. Primero que todo la felicité por haberse dado cuenta y hacer la confesión. La mayoría de los líderes que experimentan estos miedos o celos jamás se animarían a admitirlo. Más bien los tapan con alguna justificación espiritualosa o la típica frase de "no estoy de acuerdo" la cual en muchas oportunidades apunta a cosas insignificantes que ni siquiera son culpa directa de los organizadores o pasaron una sola vez. Lo siguiente fue preguntarle por qué nunca había pensado en ir ella con sus jóvenes y hacerlo una actividad de su mismo ministerio. Me dijo que como el congreso era para jóvenes y no le interesaban tanto los oradores que elegían, ella nunca había realmente pensado en ir. Ahí le dije con el corazón que pensaba que estaba en un error. Si era bueno para que sus jóvenes tomaran entusiasmo, ideas y vivieran una experiencia de grupo con el resto del cuerpo de Cristo, definitivamente si era para ella aunque los oradores no fueran sus favoritos.

No quiero decir que tenemos que ir a todo evento cristiano grande que nos pase cerca. En muchas ciudades ya es imposible de hacer. Definitivamente si quiero animarte a que considres detenidamente a cuáles quieres ir como equipo de la iglesia y ponlos en tu calendario y ayuda a publicitarlos. Muchos lideres solo publicitan los eventos que organizan ellos. Eso está mal. Los eventos grandes proveen inspiración, dan una imagen más completa de cuerpo, brindan posibilidades de ver cosas que no son alcanzables en la iglesia local y puede ser una tremenda odisea ir juntos. También te invito a considerar ciertos eventos deportivos importantes. Si en tu ciudad o país es importante el fútbol, el basket, el béisbol o lo que sea que les guste a un buen número de tus jóvenes, llévalos como parte de tu programa.

Cómo lograr que tu actividad fracase

Por último en este capítulo. Si vas a hacer que una reunión apeste hay que hacerlo con clase. Practíca los siguientes consejos y te aseguro un desastre.

1. No te prepares

Si de verdad quieres hacer lo mismo de siempre y depender del humor de la fecha, no te prepares. Aparece a la velada sin saber con quién vas a contar, sin extra materiales, sin tema pre-seleccionado y sin programar la participación de nadie más. Así todos, incluyéndote, solo podrán improvisar, cantar las canciones que ya se saben, hacer los juegos que todos conocen, usar los versículos que ya usaste y repetir esas frases evangélicas que solo sirven para terminar de matar los espacios que ya estaban muertos. Un lujo de desastre. Haz esto y te garantizo que tus jóvenes NO esperarán ansiosos tu próxima reunión. A menos que solo vayan por que los llevan los padres o ahí están sus amigos, tienes asegurado que no van a querer estar ahí.

2. Solo incluye a los más populares (o espirituales)

Puedes hacer que la mayoría y en especial los nuevos sientan que no pertenecen, solo haciendo que participen desde el frente los mismos de siempre. Úsalos en tus ejemplos y sobre todo piensa solo en ellos a la hora de establecer lo que vas a hacer y tienes asegurado que los nuevos, los más tímidos, los menos atractivos y los que no son hijos de creyentes se sientan que ellos no valen tanto, que tu grupo no es para ellos y que el programa no les resulta atractivo. Algunos líderes no hacen esto con los más populares pero si lo hacen con los más espirituales. Por eso hablan como si todos se supieran la Biblia de memoria, siempre hacen competencias bíblicas, cantan las canciones con metáforas o símbolos sin explicarlas y siempre ponen de ejemplo a los mismos angelitos del pastor. Una garantía de desanimar a los recién llegados y de fracasar con los no creyentes.

3. Diles qué hacer y hazte a un costado o vete al fondo.

Este consejo es seguido fielmente por una multitud de líderes mediocres. Siempre se sientan aparte, nunca hacen lo que les piden a sus chicos que hagan. Son demasiado adultos para ensuciarse, demasiado espirituales para jugar y demasiado importantes como para ajustarse a las mismas reglas. Estos líderes no entienden que si quieres que jueguen juega., si quieres que crezcan crece, si quieres que confiesen confiesa, si quieres que se hagan amigos dales tu amistad. A este tipo de líderes les encanta la palabra "privilegio," y claro son vistos por los jóvenes como una amenaza en vez de una solución.

4. No preveas las transiciones

La mejor manera de pasar de un componente del programa al otro para que todos vean que no tienes idea de a dónde esta yendo la reunión es preguntar "¿y ahora que sigue?." Otro consejo magistral es ponerse a hablar con los que están arriba del escenario mientras nadie más sabe qué pasa. Para los amantes de las música una buena es afinar o conectar todo en ese momento aunque ya sabías que venía tu turno. También sirve que cuando vas a llamar a alguien al escenario esa persona este lo más lejos posible y tengas que hacer chicle con las palabras mientras el susodicho llega. Si hay un sketch u obra de teatro lo mejor para arruinar el clima es tratar de mover todo a último momento. Todos estos son consejos fantásticos si quieres que los programas funcionen a los tumbos y tus jóvenes reciban un mensaje indirecto de que en la iglesia hay que hacer todo como salga.

5. No calcules los tiempos

¿Quieres hacer que tus reuniones sean pesadas? Que cada participante actúe como que lo de ellos es lo único que hay. Que el que abra predique. Que el que dirige la alabanza predique también. Que el que pide la ofrenda también lo haga, que también predique el que da los anuncios y después que el predicador hable hasta que pierda la voz.

¿Quieres arruinar un juego? Nunca lo pares hasta que te pidan basta. ¿Quieres arruinar el tiempo de adoración? Dale hasta que completes todas las posiciones, saltos, gritos y saludos del disco que vas a sacar y vuelve a empezar. Claro que también hay algunos consejos clásicos como: empieza a cualquier hora, no tengas horario de finalización ni le hagas saber a cada participante cuánto tiempo tiene.

6. Búrlate de algún adolescente raro

Esto consejo hace la delicia de miles de adolescentes que ya sienten que llegaron tarde a la entrega de cuerpos, caras y cerebros. Haz pasar al frente a algunos de estos y asegúrate que todos se rían de ellos. Te doy fe que para ellos y todos los que se rían será inolvidable. Decir en voz alta que una respuesta es estúpida es garantía de que la próxima vez todos querrán responder. Ridiculizar delante de otros un peinado, un vestido, un maquillaje, unos pantalones es siempre bienvenido por una generación que no sabe qué hacer para sentirse valiosos. Usar nombres negativos, apodos humillantes e insultos es otra garantía de que todos están descartando que eres una persona digna de confiar y sensible a sus problemas. Si quieres que tus jóvenes no quieran venir a la iglesia, búrlalos y te aseguro un gran éxito.

7. Haz todo a solas

Hay un axioma que dice: planea a solas, trabajarás a solas y disfrutarás a solas. No puede ser más cierto. Si quieres hacer todo como a ti te gusta y siempre hacerlo tu porque lo haces mejor que nadie estás montando un show unipersonal y no un ministerio de la iglesia. La iglesia es siempre cuerpo. Hay distintas funciones que deben ser hechas por distintos miembros. No importa si el resto no puede hacerlas mejor que tu, el punto es que deben participar para poder crecer. Deben practicar para poder mejorar y deben intentar para animarse a más. Quizás una actividad salga mejor si tu la preparas solo, pero si así es como es siempre, muy pronto se te va a acabar el repertorio y peor, los jóvenes van a perder el interés. Claro que algunos líderes promedio tienen el truco de que llaman voluntarios para hacer lo que no les gusta hacer y se reservan mostrando los dientes lo que ellos si hacen bien. La falta de egoísmo se nota más cuando compartimos lo que nos cuesta compartir, no lo que nos sobra. Los mejores programas son siempre aquellos en los que más personas toman parte.

Ironías aparte, es bueno reírnos de nosotros mismos. No creas que alguna vez yo no seguí estos consejos para arruinar mis reuniones. Mi esposa puede contarte de las veces que hice agua en algún programa. Lo importante es darnos cuenta de qué cosas estamos haciendo mal y corregirlas. Nuestras actividades deben ser un lugar atractivo y seguro a la vez que desafiante para la juventud. No debemos olvidarnos de que somos el pueblo del "evangelio" - las buenas noticias - y debemos darlas con emoción, elegancia, excelencia y variedad.

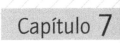

Capítulo 7 — Hoja de Trabajo

para uso personal o equipo de trabajo

1. Medita en aquellos cambios y mejoras que quieres hacer en el ministerio y ubica los principales en orden de prioridad.

2. ¿Cuáles de las ideas principales de este capítulo ves con más posibilidades de hacer a corto plazo?

3. ¿Cuál sería el plan de acción para sacar provecho de algunos recursos de la comunidad que te rodean?

4. ¿Cuál sería una buena forma de sorprender a tus jóvenes y qué te hace falta para hacerlo?

5. ¿Qué piensas de los consejos para que una actividad fracase? ¿Cómo puedes evitarlos en tu ámbito ministerial?

www.especialidadesjuveniles.com

Trabajar Relaciones Significativas

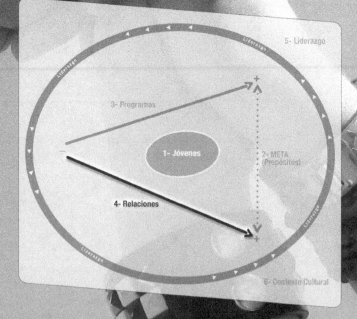

5- Liderazgo

3- Programas

1- Jóvenes

2- META
(Propósitos)

4- Relaciones

6- Contexto Cultural

Toma la Iniciativa con el Discipulado

"La mayoría de los cristianos saben que el crecimiento espiritual es importante y de beneficio personal, pero pocos van a la iglesia donde se facilita un crecimiento más allá que el de adquirir nuevos conocimientos bíblicos"
George Barna

Más y más vamos a escuchar hablar del "ministerio juvenil relacional." ¿De qué se trata exactamente? Los líderes sin preparación suponen que las relaciones en el ministerio simplemente "se dan." No entienden el valor de las relaciones ni trabajan proactivamente para generar relaciones sanas, fuertes y que resistan el paso de las crisis propias de la juventud. Los líderes efectivos saben que los estudiantes no necesitan tanto predicadores, teólogos o terapeutas como amigos maduros que sepan modelar la vida cristiana y puedan compartir esa vida con ellos. El ministerio relacional se trata de llevar a los jóvenes hacia la madurez y los propósitos por la vía de la amistad y del trabajo de relaciones. Por eso la siguiente clave del ministerio juvenil efectivo es *trabajar relaciones significativas.*

> Los líderes efectivos saben que los estudiantes no necesitan tanto predicadores, teólogos o terapeutas como amigos maduros que sepan modelar la vida cristiana y puedan compartir esa vida con ellos.

Si los programas deben servir para atraerlos a la iglesia y los propósitos claros para movilizarlos al crecimiento; las relaciones son las que retienen a los jóvenes en tiempo de crisis y los mantienen creciendo en la intimidad. Usualmente les digo a los líderes juveniles a los que tengo el privilegio de ministrar: "Si no logramos que los chicos hagan fuertes amistades en la iglesia las harán afuera y ante la crisis o la tentación los perdemos."

El ministerio relacional no es otro modelo de ministerio juvenil, es la misma naturaleza del ministerio juvenil efectivo. Ni siquiera es algo nuevo; Pablo ya modelaba el ministerio relacional diciendo: "Así nosotros, por el cariño que les tenemos, nos deleitamos en compartir con ustedes no solo el evangelio de Dios sino también nuestra vida. ¡Tanto llegamos a quererlos!" (1 Tesalonicenses 2:8).

Un Necesitado Cambio de Perspectivas

Al abordar la manera de relacionarnos y trabajar el discipulado en el ministerio juvenil es necesario hacer algunos cambios de perspectivas.

Cuando descubrimos la realidad de lo que pasa por el interior de los adolescentes, y miramos las presiones de la cultura empezamos a sensibilizarnos. Lo de afuera ya nos deja de hacer sentido y hasta te empiezas a enojar cuando ves que algún adulto se fija solo en la vestimenta o en ciertas actitudes inmaduras para descartar a un joven para la iglesia. Con solo mirar a Jesús nos damos cuenta que Él prefirió el diálogo cercano, el de amigos y el de compartir vivencias para conseguir resultados duraderos. Juan 3:17 dice que Jesús no vino a condenar sino a salvar y para eso Jesús tuvo una clara visión de cómo tratar y desde qué perspectiva ver a cada uno que se le acercaba.

Muchos pastores, padres y líderes tenemos que hacer algunos cambios en la manera de mirar a los jóvenes y por eso quiero recomendar cuatro cambios de perspectiva que los líderes que desean ser efectivos pueden hacer:

1. **De verlos pecadores a verlos seres humanos**: En nuestros ministerios o comunidades no hay jóvenes borrachos, drogadictos, fornicarios o descontrolados, sino seres humanos que necesitan a Dios tanto como nosotros y están en una etapa dónde son más frágiles frente a los vicios. Muchos son los pasajes donde notar que el mismo Jesús trataba a quienes se le acercaban como seres humanos antes que como pecadores. Me encanta la historia en que Jesús está en casa de un fariseo cuando entra la mujer que le unge con perfume los pies. En el versículo 44 del capítulo 7 del evangelio de Lucas quedó documentada una pregunta muy importante que sale de los labios de Jesús. Él mira al fariseo y le pregunta: ¿Ves a esta mujer? La pregunta puede parecer muy simple pero si piensas en la escena te das cuenta que hay algo detrás. Hasta ese momento el fariseo no había visto una mujer, había visto una pecadora.

2. **De verlos asistentes a verlos miembros**: Aquellos adolescentes que han aceptado el compromiso de seguir a Cristo y han obedecido a los requerimientos de la iglesia, no pueden ser considerados meros espectadores o miembros de segunda por su corta edad. Si Dios los llamó al cuerpo, Él les proveyó de dones (1 Corintios 7:7) y es nuestra tarea ayudarlos a encontrar su función en el cuerpo. Para hacer este cambio de perspectiva es necesario que la iglesia se vista de humildad.

3. **De verlos números a verlos individuos**: Conozco las presiones que muchos líderes y pastores de adolescentes sufren de parte de sus propios supervisores o pastores para multiplicar el número de jóvenes. También conozco la tentación de solamente estar pendiente de que venga una multitud a nuestras actividades. Es un hecho que los adolescentes deambulan en grupos y a veces se dificulta distinguirlos unos de otros más que por la pandilla o la bandita. Pero si reconocemos la enorme necesidad de relaciones significativas y la gran oportunidad de afectar sus valores, será más fácil acercarnos individualmente. Para dejar de verlos como números e intentar ver al joven como alguien individual es necesario que los líderes aprendamos de un Jesús que tantas veces hizo a una lado a la multitud por aprovechar mejor el tiempo con personas que Él distinguía individualmente.

4. **De verlos problemáticos a verlos necesitados**: Sin dudas que compartir tiempo con personajes que pasan de la euforia a la indiferencia, que critican lo que sea y a quien sea y que hacen cambios estridentes no es fácil. Conozco muchos comunicadores exitosos que predicarían ante cualquier multitud pero temen hacerlo ante un grupo de adolescentes. Muchas veces en la iglesia los jóvenes y en especial los adolescentes solo escuchan quejas acerca de ellos. El administrador se queja porque cambian las cosas de lu-

gar o las rompen, los diáconos porque los vecinos se quejan de sus horarios, los ancianos porque les da vergüenza como se visten y la lista puede seguir. Para poder cambiar esta manera de verlos y sentirlos es necesario que los líderes juveniles nos vistamos de amor.

Portadores de Valores

Escuché decir que aquellos que trabajan con la juventud deben ser "portadores de valores" y no puedo estar más de acuerdo. En un tiempo de realidades relativas, los valores más creíbles son los que pueden verse claramente en la vida de modelos. La crisis del discurso acompañada a la suba en la demanda de imagen hace que el liderazgo efectivo de esta generación más que nunca signifique uno de ser ejemplo más que uno que les dice lo que hacer. Ya conversamos que los jóvenes necesitan relaciones significativas que los ayuden a cultivar los valores que van a regir sus vidas futuras. Los líderes maduros entienden estas necesidades y cultivan un liderazgo cercano en el que la convivencia pueda "contagiarles" aquello de lo que enseñamos. Pasar tiempo de uno a uno con una persona tomando decisiones determinantes es quizás la herramienta más poderosa para conseguir resultados positivos en sus vidas. Ser reales y creíbles para ellos está en la lista top de lo que los jóvenes están buscando en sus líderes. Por eso una vez más es necesario resaltar la importancia de las relaciones en el trabajo juvenil. Ser proactivos en generar estas relaciones cercanas es vital para poder transmitir los valores del Reino de Dios a la vida de los adolescentes de esta generación.

Es natural que los adolescentes vengan a la iglesia porque allí están sus amigos mas que porque les atrae el sermón. Lejos de avergonzarnos por esta realidad, debemos usarla a nuestro favor en decir que los adolescentes también vienen porque son "nuestros" amigos. A pesar de ser un predicador que paso gran parte de mi tiempo predicando en congresos, cruzadas y conciertos juveniles, tengo que admitir que los resultados más duraderos siempre los conseguí en la influencia personal de una conversación cercana y sobre todo con el ejemplo.

Haciendo una Integración Inteligente

La manera en que se incluyen nuevos jóvenes a un grupo es crítico para el crecimiento sano de ese grupo. Pero seamos sinceros: es lo más común ver iglesias que nunca pensaron en establecer un proceso de asimilación y que nunca se detuvieron a pensar en pasos claros para integrar a alguien nuevo.

Para establecer un ministerio juvenil sano es indispensable tomar decisiones prácticas en cuanto a la integración de nuevos miembros. Algunas iglesias que han trabajado muy bien este componente recomiendan tener un equipo de adolescentes que se encargue directamente de esta tarea. La función de este equipo es saludar, introducir al joven nuevo a otras personas, explicarles el programa del día y recolectar sus datos para volver a contactarlo. Este es el sistema que usamos en mi pastorado juvenil y fue clave para que el ministerio de jóvenes de nuestra congregación se multiplicara rápidamente. Así era por ejemplo el ministerio de Claudia y José. Ellos estaban atentos a cualquier nueva cara que asomara en una de nuestras actividades y su primera función era ir a saludar a esas personas. Una de las primeras preguntas que les hacían era si conocían al pastor y corriendo venían a presentarme. Yo los saludaba y les hacía algunas preguntas respecto a dónde vivían y a qué escuela iban. Mientras José y Claudia escuchaban pensaban en quién del ministerio vivía por allí o iba a esa escuela y después iban y se los presentaban también. Para cuando la reunión empezaba los nuevos ya conocían a unas cuatro personas incluyendo al pastor. Claro que todo el grupo conocía el sistema y los líderes se le pegaban a los nuevos para animarlos a participar. ¿Qué crees que pasaba? Los nuevos volvían.

Otra de las claves es generar un clima de aceptación. Los adolescentes ya tienen que luchar con las burlas de sus compañeros de escuela, la incomprensión de muchos padres y las presiones de los medios masivos de comunicación como para que en la iglesia se encuentren con el mismo clima. No podrán expresarlo con claridad pero cuando en un grupo median las burlas, en especial cuando los líderes están involucrados, los adolescentes sienten que ese no es un clima atractivo ni seguro para ellos. El clima de aceptación se logra con constantes palabras de ánimo y estímulo por parte de los líderes. Cada buena acción debe ser cuidadosamente tenida en cuenta por el liderazgo para reforzarla.

Otro principio importante para integrar no solo nuevos miembros sino abrir el protagonismo es hacer preguntas y saber escuchar. Una buena técnica de integración es entrevistar a uno, dos o más miembros del grupo durante las reuniones haciendo preguntas que tienen que ver con sus vidas de todos los días. A los jóvenes les encanta escuchar historias personales que tienen que ver con la escuela, el noviazgo o los gustos personales. Si los líderes aprenden a escuchar estas historias por más intrascendentes que puedan parecerle a un adulto, los jóvenes estarán mejor predispuestos a escuchar a los líderes cuando hablan.

La integración debe hacerse también teniendo en cuenta heterogeneidad y homogeneidad. En todo grupo de personas hay diversidad y similitudes y los líderes juveniles efectivos saben usar esta realidad para llevar a sus jóvenes hacia los propósitos y a la madurez. La homogeneidad suele ser la normal motora de integración: los chicos que se parecen, tienen los mismos gustos musicales y pertenecen al mismo grupo social suelen atraerse sin problemas. Pero ser maduros en la sociedad significa que podemos interactuar con los diferentes y por eso los líderes juveniles efectivos ayudan a sus jóvenes a relacionarse con lo que son diferentes.

La integración debe ser contemplada con iniciativa y cuidado no solo para sumar nuevos miembros al grupo juvenil sino por reflejar parte de los valores más fuertes del nuevo testamento: el amor y la unidad.

Sanidad en Sus Relaciones Íntimas

Los jóvenes de hoy viven en un mundo de relaciones quebradas y de un individualismo sin precedentes. De los gobiernos han aprendido egoísmo y en la sociedad leen pesimismo y desesperanza. El clima social de muchas ciudades ha puesto a la gente de mal humor y se sabe que la violencia genera más violencia. Padres y Madres ven la manera de rebuscarse para conseguir dinero mientras los chicos van a escuelas y universidades dónde la mayoría de los profesores tampoco quieren estar allí porque sus sueldos no les alcanzan. En este alterado clima los adolescentes vivencian las crisis naturales de esta etapa en busca de forjar su identidad. El impacto consigue que millones de ellos sufran severas crisis de autoestima y no encuentren dónde abastecer sus corazones rotos. Las presiones sexuales provenientes de una televisión cada vez más descarada y de un aparato de consumo hoollywoodense no cooperan y es así que los adolescentes viven en un constante manoseo de relaciones de corto plazo. Es muy normal escuchar jovencitos hablar de haberse besado toda la noche con un desconocido o desconocida en alguna "disco" bailable.

Un tema a considerar es el impacto del divorcio. La simple observación de años trabajando con adolescentes en los ministerios dónde el Señor nos puso a mi esposa y a mi nos permitió notar como los hijos de matrimonios divorciados tienden a tener problemas a la hora de tomar decisiones para la pareja propia. La atmósfera de traición y mutuo socavamiento a la que estuvieron expuestos por parte de los padres, en muchos casos también socavó las expectativas de los hijos. En nuestra iglesia teníamos una pareja de jóvenes líderes que tanto por el lado de él como por el lado de ella todos sus familiares estaban divorciados. Un día ella me dijo: *yo siempre he pensado que si mis padres y mis hermanos se han divorciado, quién me creo yo para ser distinta.* Gracias a Dios está pareja pudo superar esos miedos y ahora están felizmente casados. Es evidente que la iglesia debe ofrecer a los jóvenes tanto modelos de noviazgo como modelos de matrimonios no perfectos pero sí sanos y creíbles.

La presente generación juvenil es una generación con heridas que debemos ayudar a curar. La verdad, no es con sermones que lograremos los mejores resultados. Estar "ahí" al lado de ellos hace una gran diferencia para sanar sus golpes internos, re-orientar valores alterados por alguna experiencia de la infancia o imágenes rotas que necesitan ser re-edificadas. Si no ayudamos a los jóvenes con esas emociones heridas en sus relaciones íntimas, estaremos permitiendo que Satanás paralice sus potenciales como personas útiles y valiosas. Estaremos dejando puertas abiertas para que con sus artimañas Satanás los impulse a sabotear sus propios sueños.

Ventajas, Recomendaciones y Mitos Respecto a las Células y Grupos Pequeños

Es increíble como el concepto de grupos pequeños se ha desparramado por todo el mundo en los últimos años. Testimonios de iglesias florecientes resaltan la vitalidad del movimiento de grupos pequeños no solo para el trabajo juvenil sino para el de toda la iglesia. Cuando el libro "Discípulo" de Juan Carlos Ortiz salió en 1974 el concepto de célula era una novedad.[22] Si bien basada en principios claramente bíblicos la práctica de las iglesias había perdido toda conexión con el concepto y por eso hablar de células causó incluso divisiones. Hoy también se usan otros términos como "espigas", popularizado por la Cruzada Estudiantil, "barcas," "racimos" y en especial aquellos influenciados por el movimiento de la Misión Carismática Internacional de Bogotá Colombia, "grupo de doce". Pero sea cuál sea el nombre, las ideas básicas son similares aunque se articulen de diferentes maneras. Estas son algunas de las ideas motoras:

- Con las reuniones de los domingos no basta para creer espiritualmente.

- Es más fácil integrar nuevos creyentes en estos grupos y por ende son una herramienta de multiplicación.

- Los grupos pequeños facilitan el ejercicio de los dones de todos.

- En los grupos pequeños se puede manifestar mejor la unidad del cuerpo de Cristo y la práctica de los valores del Reino.

- En los grupos pequeños se facilita el discipulado cercano.

En el ámbito del ministerio juvenil hay algunas razones extras para trabajar en grupos pequeños. Anteriormente compartimos acerca de las necesidades esenciales de los adolescentes y es fácil ver como estas necesidades pueden ser mejor abordadas desde el ámbito de un grupo cercano. En el caso de las relaciones significativas y la mentalidad colectiva de los jóvenes hablamos de la importancia del grupo de referencia. La enorme necesidad de "pertenecer" que tienen los adolescentes puede ser muy bien alimentada desde las células.

Entre las recomendaciones que hacen aquellos que han estado practicando grupos pequeños entre la juventud, mi propia experiencia liderando grupos pequeños, y la observación que he realizado del sistema de estos grupos en distintas iglesias, pude procesar los siguientes detalles:

- Deben ser participativos: Las reuniones de grupos pequeños no son una reunión tradicional dónde hay un predicador central y el resto es pasivo. Para muchos la clave de los grupos pequeños es justamente que sean los mismos jóvenes los que lideren sus propios grupos.

- Funcionan mejor en las casas: Hay algo especial e íntimo acerca de hacer una reunión en la casa de uno de los miembros del grupo. De repente la familia toda se siente protagonista, hay un sentido de pertenencia y propiedad por parte de los anfitriones y se satisface una curiosidad natural por saber cómo son las familias de los otros por parte de todos los participantes.

- Funcionan mejor por edades: Obviamente los adolescentes de doce años que entran al secundario y los jóvenes de veinticuatro que ya piensan que

---

22 El libro contiene un capítulo titulado "la célula." Editorial Caribe.

casarse no es una idea demoníaca, tienen necesidades y gustos muy diferentes. Las células o grupos pequeños deben prestar especial consideración a este detalle porque en la intimidad de una casa o un grupo de participación se notan mucho más esas diferencias. La separación de grupos por edades hasta ahora permanece un desafío para el ministerio juvenil y usualmente dedico bastante tiempo en los entrenamientos para explicar por qué y cómo pueden hacerse las divisiones. Muchos líderes tienen miedo de que si separan a los pocos jóvenes que tienen, va a caer la asistencia o pronto el grupo se va a desanimar. Pero la práctica muestra que estas separaciones terminan produciendo multiplicación debido a que los jóvenes se sienten más cómodos y mejor comprendidos con los de su edad y además porque se nutren más líderes en este formato. Además, los grupos pequeños son precisamente la gran oportunidad para separarlos por edades. En la experiencia de muchos, los grupos pequeños alternados de actividades más grandes, sirvieron para mantener al grupo numeroso y para atender a las características de las diferentes etapas al mismo tiempo.

- Son más activos los grupos cambiantes: Antes mencionábamos la importancia de trabajar proactivamente homogeneidad y heterogeneidad. Esto no funciona igual para adolescentes de trece a quince años que para jóvenes universitarios y sobre todo es diferente para adultos. Algunas iglesias y movimientos que han practicado las células por varios años han aprendido que no se puede esperar que el mismo sistema funcione exactamente para cada edad (me suena haber conversado eso antes), y que en el caso de la juventud es mejor que las células o grupos varíen de tanto en tanto. Los más chicos necesitan probar diversos grupos justamente para no estancarse en su desarrollo y poder reconocer mayores posibilidades respecto a los roles que le gustan jugar. Otros más grandes necesitan conocer a nuevos candidatos del sexo opuesto para tener más y mejor de donde elegir pensando en la pareja cristiana y eso está muy bien. Muchos recomiendan cambiar los integrantes de los grupos pequeños juveniles cada año o cada seis meses. En el caso de los más grandes es mayormente natural para ellos tener un grupo de amigos establecidos y les cuesta más cambiar de grupo a menos que lo entiendan como parte de una misión de la que ellos son parte.

- Los grupos pequeños existen para multiplicarse: Si el grupo no se multiplica, muy pronto podría estar funcionando como un grupo cerrado de elite donde es difícil entrar o salir. Al llegar a ese punto es más difícil distinguir si el grupo pequeño es tan solo un grupo de amigos o se trata de un ministerio de la iglesia. Uno de los peligros vuelve a ser la falta de entusiasmo al ver siempre las mismas caras y coartar el factor sorpresa. Pero quizás los más importante es que el grupo pierde de vista uno de los propósitos más importantes: el de la evangelización.

- No son una clave mágica para el crecimiento: Sin bien multiplicarse debe ser uno de los objetivos. Algunas iglesias que han incursionado en los grupos pequeños se han frustrado porque no pueden repetir los resultados de otras y terminan desechando el formato. El sistema de grupos pequeños es un sistema increíblemente rico pero también con una increíble rama de variaciones. Cada iglesia debe encontrar el tamaño adecuado para sus grupos, las edades, los horarios y el currículo apropiado para cada grupo o edad.

Los grupos pequeños no son exclusivos para iglesias grandes ni pequeñas. Los grupos pequeños primeramente dan la posibilidad de ser más reales en un mundo de "caretas", y más cercanos y hermanos en un mundo de individualismo, competencia y familias rotas. Si bien insisto, no son una fórmula mágica, son una excelente herramienta para poner en marcha todos los puntos anteriores de este capítulo.

Hoja de Trabajo   Capítulo 8

para uso personal o equipo de trabajo

1. ¿Qué sientes respecto a la juventud que intentas alcanzar y servir?

2. ¿Cómo es tu relación con los jóvenes a quienes ministras? ¿Cómo puedes mejorarla?

3. ¿Qué valores has estado contagiando y cuáles te gustaría contagiar a tus jóvenes?

4. ¿Cómo podrías hacer una recepción e integración más efectiva de nuevos miembros?

5. Si no estás usando el sistema de grupos pequeños, ¿cuál es la verdadera razón? Si lo estás usando, ¿cómo puedes perfeccionar el sistema y adaptarlo más a tu realidad?

www.especialidadesjuveniles.com

Tomado con permiso de *El Ministerio Juvenil Efectivo*. Lucas Leys. Editorial Vida. Es permitido fotocopiar esta pagina.

Capítulo

Consejos para un Ministerio Juvenil Relacional

"Los educadores que traigan energía y creatividad a sus clases sobresaldrán. Pero más lo harán aquellos que edifiquen relaciones fuertes con sus estudiantes. A ellos siempre les gusta escuchar a adultos que se interesan por los estudiantes"
Bill Gates

Relacionarse cercanamente con un puñado de jóvenes no siempre es una misión fácil de cumplir. Más en el caso de ministerios que están intentando crecer y alcanzar y recibir a nuevos integrantes. Las siguientes son algunas habilidades y estrategias de los más eficaces líderes juveniles para hacer un discipulado más efectivo, retener a los jóvenes en la iglesia y relacionarse mejor. Son ideas simples y casi obvias pero increíblemente eficientes:

1. Recuerda sus nombres

2. Estimúlalos con aplausos y palmadas

3. Ten orejas activas

4. Mantente en contacto

5. Utiliza frases inteligentes

6. Se real

7. Abre tu mundo

Recuerda sus Nombres

El nombre es una de las propiedades más importantes de cada persona. No saber el nombre de alguien equivale a que ese joven no es lo suficientemente importante para la vida del líder. Por eso, si queremos que nuestros jóvenes sientan que son importantes para nosotros debemos hacer todo lo posible por tener bien presente sus nombres. ¿Por qué alguien de quien no recordamos ni el nombre va a querer seguir nuestros consejos? Todavía me parece increíble la cantidad de iglesias dónde la gente se esconde detrás del «hermano-hermana» porque nunca se aprenden los nombres de los demás. Yo no conozco ninguna familia en la cual se digan entre hermanos «hermano-hermana» antes del nombre y definitivamente esta costumbre evangélica suena muy extraterrestre a la gente de afuera. No digo que nunca usemos lo de «hermano-hermana», pero si que no abusemos. El nombre es muy importante y estas son algunas pistas para recordarlos:

1. Repite el nombre rápidamente una vez que te lo dicen.

2. Una vez que haz aprendido un nombre úsalo frecuentemente en cada conversación.

3. Usa el nombre antes de hacer una pregunta. (Carlos, ¿Qué piensas de esto?)

4. Relaciona el nombre con el de alguien a quien ya conoces.

5. Cuando repitas el nombre que estás aprendiendo reproduce mentalmente la imagen de la persona.

6. Escribe el nombre en tu mano o en un papel cuando te presenten a alguien al principio de una reunión y después menciónalo durante la misma.

7. Estúdiale la cara a los jóvenes con quienes estás hablando y trata de recordar algo especial de ellas.

8. Sácales fotos y repasa sus nombres mirando en ellas o quizás hasta escribiéndolos encima.

9. Cuando todo el resto falla, créales tu propio nombre o defórmalo de tal manera que quede personalizado (que no sea un podo ofensivo obviamente). Aunque suene raro he usado mucho esto y he encontrado que les gusta que tenga un nombre especial para ellos.

10. Pídele ayuda a Dios para recordar esto que es TAN importante

Estimúlalos con Aplausos y Palmadas:

Nunca recibimos suficiente estímulo. Todos estamos siempre sedientos de más y no me da ninguna vergüenza decirlo: me encanta que alguien se dé cuenta cuando he hecho algún esfuerzo ¿A ti no? A nuestros jóvenes también. La sociedad de hoy se la pasa rebajando a nuestros adolescentes. Los medios masivos de comunicación les hacen creer que ellos no son ni tienen lo suficiente hasta que se compren determinado producto o usen determinada moda. Sus compañeros de escuela tienen la burla a pedir de boca y muchas veces sus padres se encargan de hacerlos sentir mal respecto de sí mismos. Alguien que los haga sentir mejor consigo mismos —que les muestre aprecio y estima— es siempre bienvenido. Hay algunos valores, actitudes y aptitudes que deben constantemente ser aplaudidos y afirmados en ellos. Aquí te ofrezco una lista de aquellos que no pueden pasar desapercibidos y quedar sin estímulo del líder:

- disponibilidad
- honestidad
- obediencia
- sentido del humor
- fidelidad
- puntualidad
- esfuerzo extra
- voz fuerte
- sonrisa
- nuevo peinado

- buenos modales
- disposición
- flexibilidad
- conocimiento general
- conocimiento bíblico
- humildad
- habilidad para algún deporte
- habilidad de hacer que otros se sientan mejor
- iniciativa de acercarse a alguien nuevo
- defender a quien recibe burlas
- buen rendimiento académico
- tu puedes continuar tu propia lista

Ten Orejas Activas:

Los líderes evangélicos somos tan propensos a hablar que nos cuesta demasiado escuchar. Esta es una de las falencias más marcadas en muchos líderes cristianos. *¿Te has preguntado por qué Dios nos dio dos oídos y sólo una boca?* ¡Él quiso que el hombre escuche el doble de lo que habla! La Biblia dice, *"Por esto, mis amados hermanos, todo hombre sea pronto para oír, tardo para hablar, tardo para airarse"* (Santiago 1:19). Algunos, aun cuando se encuentran en situaciones cuando pueden dar un consejo, no escuchan lo que se les dice porque, mientras la otra persona habla, ellos ya están pensando qué decir después. Frase dura en puerta: «*Si no podemos escuchar a alguien en necesidad al cual vemos, ¿cómo vamos a escuchar a Dios a quién no vemos?*» La mayoría de los adolescentes están altamente necesitados de que alguien los escuche y la noticia es que solo escuchando un poquito más podemos mejorar muchísimo nuestra liderazgo. El simple hecho de escucharlos es una herramienta súper poderosa para impactarlos sin hablar. Escuchar activamente no se limita sólo a prestar oído a palabras, también es necesario estar atentos al lenguaje corporal. Los adolescentes siempre comunican algo sin necesidad de verbalizarlo. Hacer preguntas abiertas o remarcar emociones con frases de empatía como «eso sí debe haber sido terrible» siempre ayuda. Las siguientes son 7 pistas para activar tus orejas:

> ¿Te has preguntado por qué Dios nos dio dos oídos y sólo una boca? ¡Él quiso que el hombre escuche el doble de lo que habla!

- No te creas el o la Mesías. Tu función no es solucionar todos sus problemas, solo debes escucharlos y ayudarlos en lo que puedas.

- Comprométete con la conversación. No te escapes antes de que realmente la conversación haya terminado.

- Repite lo que escuchas. Puedes decir: *te escucho decir...* eso ayuda a que ellos sientan que estás escuchando a la vez que pueden corregirse si comunicaron algo confusamente.

- Espera tu turno. No hables hasta que la otra persona termina de hablar.

- Mira a la persona a la cara.

- Presta atención al lenguaje no verbal. Como decíamos, las posiciones y los gestos a veces hablan mejor que la palabras. Sigue escuchando. Seamos sinceros, es normal perder el hilo. Retoma haciendo una pregunta y vuelve a escuchar.

Mantente en Contacto

Cualquier excusa es buena para hacer contacto con los jóvenes fuera del ámbito del templo. Aunque sean como Juan en el ejemplo del capítulo 1 y su actividad de favorita parezca ser: "nada". Si quieres trabajar en la vida de ellos tienes que hacer contacto en lo cotidiano de su vida. Usa el teléfono, el correo, el e-mail y te vas a sorprender de cuanto más cercano puedes hacerte a sus necesidades. Hace poco un pastor de jóvenes de México me contaba como su ministerio juvenil había mejorado desde que él dedicaba bastante tiempo en la semana escribiendo y contestando emails a sus jóvenes. Conéctate con el joven cuando pienses en él sin causa aparente. Conéctate con ella cuando tienes cierto tiempo de no verla. Llámalos cuando hayas visto algo sobresaliente en ellos, ya sea para agradecerles, afirmarles o animarlos. Conéctate para continuar alguna conversación empezada mucho tiempo atrás.

Utiliza Frases Inteligentes

Existen algunas frases que deben ser repetidas constantemente a la juventud. Conversábamos que no había fórmulas mágicas para un ministerio efectivo pero te aseguro que usar estas frases a la larga si produce un efecto casi mágico. Te darás cuenta que algunas de las frases que aparecen abajo se han formulado como preguntas. Eso es porque el discipulado es más un diálogo que un monólogo.

- ¿Qué crees que Dios te está enseñando?

- Tu puedes hacerlo muy bien.
- No te rindas.
- ¡Qué buena idea!
- Dime más acerca de eso.
- Gracias por escuchar.
- Gracias por ayudar.
- ¿Quieres venir conmigo?
- ¿Cuáles son las consecuencias potenciales?
- ¿Qué es lo que te gusta de él / ella?
- Estamos seguros de que harás una buena decisión.
- ¡Qué lindo verte!
- ¿Qué piensan tus padres?

Me gusta tenerte en la iglesia.

Se Real

Los jóvenes están cansados de ver adultos que dicen una cosa y hacen otra. Les hace mal ver líderes que nunca admiten una debilidad y nunca reconocen un error. Él otro día miraba por televisión a uno de los ministros cristianos más famosos que estaba dando testimonio de cómo el Espíritu Santo vino un día a Él e instantáneamente en ese momento murieron todos los pecados en su persona. Humm ¿Qué estaba este predicador diciendo? Su tono sonaba muy emotivo y mientras él contaba eso aparecían imágenes de sus cruzadas llenas de gente con las manos levantadas y llorando. ¿Cómo dudar de lo que estaba diciendo? Pero piensa en esas palabras. ¿Es cierto que sus pecados "murieron"? ¿Qué quiere eso decir para el oído común? Eso quiere decir que esa persona no peca y yo si. Quiere decir que él ya no lucha con las tentaciones ni tiene debilidades y yo si. Puedo buscar que se me pegue algo de él por un tiempo, pero tarde o temprano llego a una de dos convicciones: o él está mintiendo o yo soy un fracaso. Quizás este predicador solo confundió sus palabras en esa oportunidad, pero definitivamente tenemos que tener cuidado de comunicar algo que no es real. Mostrar que tenemos la misma necesidad de Dios y estamos en la misma búsqueda de Cristo que ellos nos hace más reales y cercanos. Es tiempo de que se levante una generación de líderes más honestos y menos dependientes de tanta parafernalia evangélica. Me refiero a las formas, los títulos, los súper trajes y el vocabulario místico. Hace poco en un congreso de jóvenes escuché a un predicador que gastó media hora de su mensaje con estos títulos y nombres extraños para terminar por decir absolutamente nada. En un parte dijo literalmente la siguiente frase : *"porque se está levantando un ejercito con una unción apostólica profética de rendición evangelística que va a caer como manto de ungüento espiritual sobre la vida espiritual de los santos del tercer día."* Español para mi por favor. Quizás los jóvenes que nacieron en nuestro seno estén lo suficientemente domesticados como para aguantarse esto un poco pero para los del mundo estamos jugando a Invasión Extraterrestre. En el próximo capítulo vamos a hablar de las características de los líderes sobresalientes que están emergiendo en este generación. Una de ellas es ser confiables. Otra palabra que me gusta es "auténticos." No tengamos miedo de mostrarle a nuestros jóvenes que estamos en el mismo camino del discipulado que ellos, claro que más adelante, pero seguimos siendo hijos volviendo al padre.

Abre tu Mundo

Dejar que los chicos vean quienes somos abre muchas puertas. Es crucial para que ellos puedan relacionarse con nosotros y lo que enseñamos ¿Qué tal invitarlos a tu casa? Me acuerdo cuando Fernando y Luis, dos de mis líderes, solían invitarnos a quedarnos a dormir a sus casas. Íbamos con un grupito que evidentemente ellos seleccionaban y pasábamos unas noches inolvidables. Era curioso como ellos lograban que nuestras conversaciones fueran de lo chistoso a lo espiritual, ¡Qué impacto tuvieron esas noches en nuestras vidas! Pienso en los amigos que estábamos allí y me doy cuenta que aunque en distintas iglesias y denominaciones todos esos adolescentes ahora somos líderes e inclusive algunos pastores.

Si estás casado o casada te doy la noticia que tu matrimonio es un modelo. No se si bueno o malo, pero modelo es seguro. Los jóvenes te están mirando, ven la manera en que tratas a tu esposo y la manera en que tratas a tu esposa. Una joven una vez me dijo: se que puedo contarte esto por la manera en que tratas a tu esposa. Si estás noviando todavía, con más razón te estarán mirando. Estás todavía más cerca de su situación. Quizás tu seas el ejemplo más cercano que muchos de ellos tengan respecto a cómo se comporta una pareja cristiana. Yo quiero que mis jóvenes varones estén pensando: *"yo quiero tener una mujer que me ame como Valeria ama a Lucas,"* y que mis jóvenes mujeres piensen: *"yo quiero un hombre que me ame como Lucas ama a Valeria."* Por eso también es bueno invitarlos a cenar, a tomar un helado o a compartir una tarde con ustedes. Con mi esposa invitamos a todas las parejas de novios serias a cenar a casa. Les preguntamos de su relación y les abríamos nuestra vida cotidiana para que ellos sigan abriendo las suyas al discipulado.

Quizá seas soltero o soltera y estés estudiando. Háblales de tus estudios de lo que te cuesta y lo que más te gusta. Déjales ver como la Biblia se relaciona con tu vida diaria y lo que haces y ellos podrán ver cómo se relaciona con la de ellos. En la medida que los jóvenes te vean como un buen ejemplo crecerá tu autoridad para hablarles, enseñarles y sobre todo disciplinarlos cuando hace falta. No puedo resaltar lo suficiente cuanto me ha ayudado al corregir a algunos el hecho que ellos tengan claro que los amo y estoy dispuesto compartir de todo con ellos. Una vez un pastor me dijo: *"Lucas, tu puedes hacer que tus seguidores te teman, pero yo te recomiendo lograr que te amen, vas a lograr mucho más y vas a ser tanto más feliz."* Este pastor tenía razón. La vía del amor siempre es la más creíble y no hay amor sin relaciones. Abrir nuestro mundo sirve para que los jóvenes se identifiquen con nosotros y lo que enseñamos.

En la gira de capacitación de Especialidades Juveniles dedicamos especial atención a todos estos consejos y ayudamos a los líderes a trabajar estas prácticas simples pero poderosas para el ministerio juvenil. Discipular jóvenes es la preciosa aventura de acompañarlos hacia la madurez en Cristo. Es un ministerio difícil y que demanda sacrificios. Lo resultados son siempre a largo plazo y muchos de ellos no alcanzan a verse porque nuestro trabajo consiste más en prevenir que en curar. Los líderes juveniles estamos discipulando a los portadores de la única esperanza para nuestro mundo. Ni más ni menos que los seguidores y representantes del mismo Cristo hoy en la tierra ante su propia generación. Es un privilegio tomar parte cercana en el proceso de discipularlos y tenemos que ser muy despiertos en cómo hacerlo.

Hoja de Trabajo

1. ¿Cuál es la importancia del ministerio relacional?

2. ¿Por qué se llaman variables?

Abre tu mundo

Recuerda nombres

Aplausos y palmadas

Utiliza frases inteligentes

Ministro juvenil relacional

Orejas activas

Sé real

Mantén el contacto

3. ¿Cómo planeas reforzar algunas habilidades relacionales que a tienes cómo vas a trabajar las que te faltan?

4. ¿Quiénes son los voluntarios, padres o jóvenes que tienen habilidades relacionales que tú no posees y podrías estar usando para beneficio del ministerio? ¿Cómo los atraerás a la misión?

Ejercitar
el Liderazgo
Apropiado

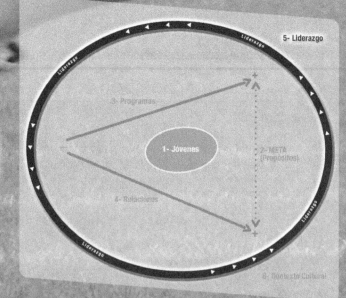

5- Liderazgo

Liderazgo

3- Programas

1- Jóvenes

2- META
(Propósitos).

4- Relaciones

6- Contexto Cultural

Las Infaltables Señales de los Líderes Sobresalientes

"El verdadero liderazgo nunca termina en palabras"
Max DePree

Nada es más estratégico que el liderazgo. Muy poco podría lograrse si alguien no toma la iniciativa de producir ese algo. Por eso el liderazgo es el origen de todo cambio.

Todas las claves del ministerio juvenil efectivo son potenciadas o paralizadas por el liderazgo. Somos los líderes los que las ponemos en su lugar o los que las tenemos desordenadas. El liderazgo determina los qué, los cómo, los cuándo y los por qué del ministerio juvenil. Por eso es indispensable que sean los líderes los que ponen en funcionamiento todo lo que conversamos hasta ahora. Al viajar y conocer tantos ministerios juveniles con distintos estilos me doy cuenta que los ministerios juveniles efectivos tienen siempre algo en común: los ministerios efectivos tienen líderes sobresalientes.

Algunos definen al liderazgo de la siguiente manera: Para John Maxwell el liderazgo es simplemente:

"Influencia."[27]

Para Robert Clinton, el liderazgo es:

"1) un proceso dinámico extendido por un periodo de tiempo, 2) durante distintas situaciones en que un líder utilizando diferentes recursos, 3) y por específicos comportamientos esperados de un líder, 4) influencia los pensamientos y actividades de seguidores, 5) en pos de un propósito, 6) que beneficie al líder, los seguidores y el contexto del cual son parte."[28]

Personalmente me gusta decir que el liderazgo efectivo es la posibilidad de influenciar a otros de manera que se logre la respuesta adecuada para la obtención de un objetivo común. Se podrían agregar innumerables intentos de definir qué es el liderazgo y casi todos, cortos como el de Maxwell o complejos como el de Clinton estarían acertados en alguna medida. En los capítulos anteriores decíamos que según Colosenses 1:28 para el apóstol Pablo el propósito de su liderazgo era animar a todo hombre o mujer enseñándoles en toda sabiduría, a fin de presentarlos maduros en Cristo Jesús. En otras palabras, él insistía con denuedo en influenciar a la gente a su paso de tal manera que pudieran madurar en Cristo. Ahora, leyendo el resto de las cartas de Pablo sabemos que él insistía con que la verdadera vida cristiana solo puede ser vivida en el Espíritu. Por eso podemos estar seguros de que el liderazgo cristiano no debe limitarse a ser solo

Es la influencia de Cristo a través del Espíritu la que debe ser ejercida en el liderazgo cristiano.

---

27 (Maxwell 1996:13)

28 (Clinton 1986:14)

influencia o proceso humano. Es la influencia de Cristo a través del Espíritu la que debe ser ejercida en el liderazgo cristiano.

Es evidente que el liderazgo juvenil efectivo es el complejo resultado de una diversidad de factores. Lejos del estereotipo de líder juvenil hombre, joven, gracioso, atlético, extrovertido, seminarista y que tiene una camioneta, hay algunas características que acompañan a cada líder de jóvenes que logra hacer un trabajo sobresaliente.

Aquí viene la lista:

1. Están Llenos del Espíritu Santo

Claro que esta característica no es exclusiva de los líderes juveniles sobresalientes. Ser llenos del Espíritu Santo es condición inescapable para ser cristianos efectivos. En el caso del líder o pastor de adolescentes si no somos llenos del Espíritu de Dios, nuestra consejería se limitará a manejar recursos humanos, que por buenos que sean, no podrán satisfacer plenamente las necesidades de los jóvenes en conflicto. Tampoco nuestras motivaciones y nuestro trato no tendrán la efectividad de quien está provisto de la guía del Espíritu en la toma de decisiones. La espiritualidad del líder juvenil es fácilmente discernible para los adolescentes y jóvenes de este tiempo. Si hacemos hincapié en la relevancia de relaciones cercanas, es evidente que ante tal intimidad es más factible que aflore la verdadera naturaleza de él o la líder. Si los líderes pretenden acompañar a los adolescentes a la madurez en Cristo, eso es imposible de hacer sin ellos no cultivan una relación de dependencia con el Espíritu de Dios. Me he dado cuenta que muchos de los líderes que escapan al ministerio relacional es porque tienen miedo de que se descubra cuanto tienen del Espíritu en la intimidad.

2. Responden a una Filosofía Correcta

Todos conocemos líderes sinceros que podrían ser calificados de Espirituales pero que carecen de ideas sistematizadas y sincronizadas acerca de los por qué del ministerio.

Los líderes con una filosofía correcta del ministerio juvenil reconocen los elementos principales del ministerio juvenil efectivo y saben como dinamizarlos con su liderazgo. Los líderes que no tienen una filosofía correcta suelen conseguir resultados según sean sus facultades naturales personales pero en ellos se evidencia una carencia de propósito y en la elaboración de programas tienden a ser repetitivos y se ajustan a los gustos propios. Estos líderes mantienen relaciones naturales con sus adolescentes sin trabajar activamente por mejorarlas o abrir su espectro de influencia a los que le cuesta más llegar. En el próximo capítulo vamos a conversar de distintos estilos de liderazgo, así que no estoy hablando ni de elocuencia ni de carisma, estoy hablando de tener claro qué se debe lograr y poder poner en funcionamiento una estrategia para hacerlo. Sin una filosofía correcta los líderes juveniles se estancan en la conservación y la satisfacción de expectativas equivocadas.

3. Aman a sus Jóvenes y son Confiables

Según los objetivos y las características del ministerio juvenil es casi imposible liderar a largo plazo a quienes no amamos (Hmm, dudo del "casi"). Es muy difícil entablar relaciones significativas con quienes no amamos y más difícil todavía es disciplinarlos en santidad si no tenemos cierto instinto protector hacia ellos. Una líder de Guatemala me contó que por años ella había sido maestra de escuela dominical de adolescentes sin nunca pensar en que debía amarlos para poder liderarlos con verdadera autoridad. Ella se limitaba a preparar sus clases y usar la hora y media que tenía cada domingo para predicarles de alguna historia o concepto bíblico pero eso era todo. En todos esos años nunca uno de sus adolescentes se le había acercado para contarle nada y ella aunque hacía lo que le habían enseñado y pedido sufría por dentro porque sentía que no había una verdadera conexión con ellos y no pensaba que ellos estuvieran aprendiendo lo suficiente. Un día la llamaron de urgencia de la iglesia porque una de sus adolescentes se había querido suicidar y no podían encontrar a la madre para avisarle que la adolescente estaba en el hospital. Ella buscó en su agenda a ver si tenía los datos de la madre pero tampoco los tenía. Al decir que no, se le ocurrió preguntar en qué hospital estaba la chica y decidió ir a verla. Llegando a la sala dónde la adolescente estaba, se encontró con que estaba todavía inconsciente en una cama. Todavía no habían encontrado a su familia y habían llamado a la iglesia porque en sus bolsillos tenía un boletín de la congregación. La joven estaba cortándose las venas en un terreno baldío cuando unos niños la encontraron. Esta maestra se sentó al lado de la cama y empezó a orar. Muy pronto sus ojos se llenaron de lágrimas al darse cuenta que ella no tenía idea de qué era lo que vivía esta adolescente aunque había estado por cuatro años todos los domingos en sus clases. Le había hablado tantas veces del amor pero nunca se le había ocurrido amarla lo suficiente como para saber de sus necesidades. Nunca había tratado de ganarse su confianza para poder mostrarle que los principios bíblicos no son solo teoría

Otro líder me contaba que lo pusieron de líder juvenil sin que él quisiera y que por mucho tiempo hasta odiaba a sus jóvenes. Obviamente sus jóvenes le hacían la vida imposible y todo en el ministerio parecía estar patas para arriba. Pero un día el Señor le dio la idea de que no era que él no soportaba a sus jóvenes porque le hacían la vida imposible; sino que sus jóvenes le hacían la vida imposible porque él no los soportaba (-*Cuando primero me lo dijo yo también le pedí que me lo repitiera así que puedes leerlo de nuevo-*).

Si amamos a los jóvenes ellos lo van a sentir. Instantáneamente que detectan que en verdad nos importan van a sentir confianza para mostrase tal cuál son, contarnos sus luchas, debilidades y miedos y van a tener más interés en lo que enseñamos cuando hablamos. Ahora eso sí: los líderes que no son confiables no tardarán en ser descartados por los adolescentes. El secreto de confesión es de vida o muerte para alguien hiper consciente de si mismo como son ellos. Y cuidado con el viejo truco evangélico de compartir chismes disfrazados de pedido de oración. Con mi esposa hicimos un pacto de no contarnos ni entre nosotros cuando escuchamos algún secreto de los jóvenes. A veces para saber la opinión del otro compartimos la situación pero con cuidado de no dar indicios de quienes son las personas. Nuestro jóvenes saben de este pacto y eso los ayuda a venir con más confianza.

4. Tienen un Sentido de Llamado

Para muchos es obvio pensar que la decisión de ir a hacer misiones en lugares alejados y con culturas diferentes tiene una única explicación en un llamado especial del Señor. Pero el ministerio juvenil es tan "transcultural" como cualquier ministerio a otra geografía. Involucra cambios de lenguaje, diferentes vestimentas, música, danzas exóticas y distintas presuposiciones morales. Si aquellos que se disponen a participar del ministerio con adolescentes no sienten un llamado claro y específico a trabajar con ellos ocurrirá una de dos cosas o ambas: se sentirán muy pronto miserables o harán sentir miserables a sus adolescentes. Tener la convicción de que Dios es quién nos ha convocado a hacer los que hacemos es la única fuente de afirmación donde deberíamos depositar nuestra confianza. Los resultados son impredecibles en el ministerio en general, cuánto más en el ministerio con la edad más impredecible. Solo un sentido de llamado claro es lo que hace al líder seguir adelante.

> El ministerio juvenil es tan "transcultural" como cualquier ministerio a otra geografía.

5. Están Preparados para la Tarea de Aconsejar

Ante tantos mensajes contradictorios y tantos cambios complejos ocurriendo a esta edad en este tiempo, es necesario que aquellos que lideramos a esta generación tengamos respuestas sobrias. El rol de modelo que a cada líder de adolescentes le toca debe ser ejercido con responsabilidad. Aquellos que han sabido aconsejar a sus jóvenes pronto comenzarán a recibir más jóvenes pidiendo consejos. Los líderes efectivos están preparados para la tarea de aconsejar. Para ello se especializan en las cuestiones de la cultura adolescente, la crisis familiar, la búsqueda de la identidad y en los distintos métodos para hacer una consejería efectiva.

C. Brister en su libro clásico del cuidado pastoral en la iglesia dice lo siguiente:

Las dimensiones subconscientes de la personalidad, la dinámica de la conversión religiosa, el significado del simbolismo en la adoración, los componentes de culpa y hostilidad, el cuidado de las almas de personas desesperadas y atrapadas en las distorsiones de nuestra cultura, requiere que nuestros ministros de hoy tengan conocimientos especializados.[29]

Personalmente puedo decir sin vergüenza que aunque constantemente estoy predicando en eventos grandes y púlpitos conocidos, he observado frutos más milagrosos haciendo consejería. Qué gran placer recibir una carta o un email de algún joven contándome que lo que hablamos le sirvió para tomar una mejor decisión o que a partir de ese momento se siente mucho más fuerte. En la mayoría de seminarios hay cursos de consejería y te recomiendo tomarlos aunque no pienses hacer todo una carrera. Claro que también es bueno comprarse buenos recursos. Algunos materiales de consejería que pueden ayudarte:

- Capacitados para restaurar. Por Jay Adams. Editorial Clie.

- Cómo guiar a los adolescentes a la libertad en Cristo. Por Neil T. Anderson y Rich Miller. Editorial Unilit.

- Manual de Billy Graham para obreros cristianos. Por Billy Graham. Editorial Unilit.

- Manual para consejeros de jóvenes. Por Josh Mcdowell y Bob Hostetler. Editorial Mundo Hispano.

6. Trabajan en Equipo

Los líderes juveniles efectivos saben que solos no pueden lograrlo todo. Entienden que Dios capacitó a su cuerpo con distintos roles y dones (1 Corintios 12:4-30) y que es tarea del líder equipar a otros para la tarea del ministerio (Efesios 4:12). Los líderes efectivos también entienden que la misión es más importante que la posición. Por eso reconocen las habilidades de otros y les facilitan la tarea sumándolos al trabajo.

> Los líderes efectivos también entienden que la misión es más importante que la posición.

Son tantas y tan complejas las necesidades de los jóvenes hoy que es imposible para un solo o una sola líder estar cerca de todos sus adolescentes a menos que sea un grupo verdaderamente reducido. Pero si el anhelo de un ministerio juvenil es multiplicarse hace falta mayor mano de obra. Los líderes sobresalientes reconocen esto y dedican buena parte de su tiempo a reclutar voluntarios para su ministerio juvenil:

---

29   (Brister 1988: 29)

Para aquellos que son verdaderos líderes, edificar un equipo y mantenerlo es sin discusión una de las más realizadoras empresas imaginables. Al líder le permite ejercitar sus dones a través de sacar lo mejor de cada participante, invertir en aquellos individuos y descubrir el gozo de morir a uno mismo para beneficio de otros. Jesús nos dejó su modelo. ¿Qué más podemos pedir?.[30]

Los ministerios para jóvenes carentes de un equipo de trabajo suelen estar sobrecargados, tensos y demasiado cansados para una nueva visión. Cuantos más líderes de calidad se tenga, más posibilidades de maduración y resolución de conflicto tendrán los jóvenes.

Los jóvenes no necesitan solo líderes atléticos que sepan tocar la guitarra y sean extrovertidos. Si algún miembro en el equipo de liderazgo tiene estas características sensacional pero hay jóvenes que se identificarían mejor con personalidades más similares a la suya. Los mejores equipos son los que tienen una buena dosis de diversidad de intereses, personalidades, estilos y edades. Tener líderes adultos por ejemplo, enriquece al ministerio con experiencia, contención y modelos.

> Los jóvenes no necesitan solo líderes atléticos que sepan tocar la guitarra y sean extrovertidos.

Los líderes juveniles simplifican las tareas y las demandas del ministerio consiguiendo y estimulando la gente adecuada para cada una de ellas.

7. Incluyen a los Padres

Tratar de interpretar a los adolescentes fuera del esquema familiar sería un cuadro incompleto. Por eso los líderes no deberíamos ponernos en situación de competencia con los padres sino aprender a trabajar juntos. Otra vez, es fácil decirlo ahora, pero la verdad es que tardé años en agarrar la onda. Me ayudó entender que la adolescencia no solo llega para los hijos sino que también les llega a los padres aunque en un rol diferente de cuando les tocó el papel del mutante que tienen ahora por hijo. El punto clave para muchos es la llamada "brecha generacional." Ser adolescente hoy no es lo mismo que ser adolescente en los sesenta y setenta y esta realidad tiene diversas consecuencias. Una es que muchas veces las dos generaciones no se entienden y por eso se aíslan: por un lado los padres y sus cosas y por el otro los hijos. El problema es que no podemos olvidarnos que los adolescentes son personas "en proceso de formación." Son inmaduros por si mismos y necesitan del diálogo y la guía inteligente de los padres. Ese aislamiento o brecha muchas veces ocasiona que

---

30 (Philips 1997:238)

los padres les pierdan el rastro a lo que verdaderamente viven sus hijos. Los resultados de la encuesta publicada por Walt Mueller que aparece ahora nos muestran un ejemplo de lo que estoy hablando.

LO QUE ADOLESCENTES Y PADRES RESPONDEN DE LOS VICIOS
(Mueller 1994:47)

Preguntas	Adolescentes	Padres
1. ¿Estás tomando alcohol?	66% dice que si	34% cree que si
2. ¿Has considerado el suicidio?	43% dice que si	15% cree que si
3. ¿Estás fumando?	43% dice que si	14% cree que si
4. ¿Le cuentas a tus padres sobre sexo y novios?	36% dice que si	80% cree que si
5. ¿Has usado drogas?	17% dice que si	5% cree que si
6. ¿Has perdido la virginidad?	70% dice que si	14% cree que si
7. ¿Has pensado en irte de casa?	35% dice que si	19% cree que si

La tabla es un ejemplo de cómo muchos padres desconocen o mal interpretan las realidades de sus hijos: Ahora: ¿Cuál es el rol del ministro juvenil? Es obvio que los cambios culturales han acelerado su ritmo y esto ha complicado las relaciones intergeneracionales y ampliado la tan citada "brecha." De todas maneras, los líderes juveniles sobresalientes tienen claro que la presente generación está clamando por desarrollarse positivamente en el marco de estabilidad, comprensión y amor incondicional que los padres deben brindarles. Digan lo que digan algunos que escriben que a los adolescentes ya no les interesan los padres; la relación entre padres e hijos adolescentes seguirá siendo una fuente de estima y valoración personal y la relación base según la cual se desarrollarán todas la otras relaciones sociales. Por eso es vital que los líderes juveniles redescubran en los padres a los líderes naturales que Dios le dio a los adolescentes de su grupo juvenil. Hace poquito estaba en un pequeño debate y un conocido ministro de jóvenes habló con tanto desprecio de los padres que me vi forzado a contrariarlo en público. Es indispensable que los líderes nos pongamos de su lado y no enfrente. Debemos ayudarlos a saber más acerca de cómo ayudar a sus hijos y ayudar a los hijos a ser más comprensivos con sus padres. Los líderes que no entienden esto denotan que lo único en que está pensando es en sus programas y claro, así ven a los padres como obstáculos para todo lo que les gustaría hacer.

Lo admito: Trabajar con ellos no siempre es fácil. Yo tuve a Drácula y la mujer vampiro como padres de mis adolescentes. Me acuerdo de esa señora que constantemente se estaba quejando de su hija y me hacía sentir que yo tenía la culpa de que a ella le iba mal en la escuela. Una día Ana se nos acercó al terminar una actividad y nos dijo que su hermanita había nacido ese día y ya tenía que estar en su casa. Le dije que por qué no íbamos corriendo a verla y saludar a su mamá. Cuando llegamos encontramos que su padrastro (no el padre de Ana pero si el padre de la beba recién nacida) estaba tan borracho que todavía no había podido ir a buscar a su esposa, ¡bah! Eso pensé. Cuando íbamos para el hospital Ana me contó que solo era el novio de la madre.

No siempre vamos a ser los mejores amigos de todos y en esa ocasión no me hice el mejor amigo de ninguno de los dos. Pero los líderes efectivos se esfuerzan en lograrlo. Siempre habrá al menos algunos buenos padres que enriquezcan al ministerio con una imagen de familia y le de a otros padres mayor credibilidad respecto a lo que está sucediendo. Cuatro elementos para incluir en tu ministerio juvenil respecto a los padres:

- **Información** (Déjales saber lo que haces o quieres hacer)
- **Asistencia** (Oféceles ayuda. Talleres y seminarios de cómo tratar a los adolescentes les vienen muy bien)
- **Estímulo** (Anímalos, es difícil ser padres de adolescentes)
- **Participación** (Invítalos a participar en distintas actividades)

8. Están Actualizados en Cuestiones Generales de la Cultura Juvenil

El mencionado vértigo de los medios exige una constante actualización. Las diferentes tribus de adolescentes tendrán diferentes características en sus gustos musicales, en su vestimenta y en su lenguaje. Desconocer sus ondas equivaldrá a desinterés por saber qué los atrae. Un grupo de adolescentes requiere una disposición transcultural similar a la que requieren las misiones en otras latitudes solo que el cambio es generacional más que geográfico. El líder o la líder efectivos estarán atentos a cuáles son las características de los jóvenes de su barrio y de su iglesia. Una buena manera de lograr esta actualización es observarlos atentamente en los lugares donde haya mas jóvenes en nuestra zona (escuelas, la puerta de las disco, hamburgueserías y demás). Otra manera recomendable es preguntarles a ellos mismos. Los jóvenes se sienten importantes cuando se les pregunta y por eso funcionan muy bien los cuestionarios y encuestas. Sacar a los jóvenes cristianos del templo y llevarlos a lugares públicos a hacer cuestionarios acerca del gusto y tendencias culturales no solo sirve a los líderes para estar actualizados sino que es una excelente actividad que los chicos agradecerán. Revistas, películas y programas de moda pueden servir para informarnos de qué es lo que los jóvenes están escuchando fuera de nuestro medio. Más adelante dedicaremos todo una conversación de sobremesa para hablar de lo importante del contexto cultural.

9. Se Especializan

Aún llegando a las actuales instancias de la evolución del ministerio juvenil, los estudiantes de seminarios candidatos al pastorado suelen ver al ministerio juvenil como un escalón de ascenso al "verdadero ministerio." Gracias a Dios, la escena irá cambiando en los próximos años. Más y más estudiantes de instituciones teológicas se darán cuenta que Dios está llamando a una generación de líderes juveniles que se especialicen en la tarea de evangelizar y discipular jóvenes. Desde hace poco más de una década en países como Estados Unidos y Corea más y más pastores y estudiantes han entendido la complejidad, el enorme desafío y la vitalidad que tiene el ministerio juvenil para la Iglesia. Con esta luz, más y más seminarios fueron agregando materias de ministerio juvenil e incluso hoy se ofrecen maestrías y ya se empieza a hablar de doctorados en la especialización.

Pero más allá de las posibilidades académicas está la razón eje del ministerio juvenil: los adolescentes y jóvenes necesitan líderes preparados. Los jóvenes se merecen un liderazgo que pueda articular una filosofía sensata de por qué hacen lo que hacen, puedan interpretar las escrituras desde el contexto contemporáneo, entiendan las realidades interiores propias de la edad, puedan evaluar un currículo, sean creativos, suficientemente críticos y puedan comunicar visión y organizarse. ¡Uf! El liderazgo juvenil efectivo es cosa seria. Es cierto que no todos los que ingresen al ministerio juvenil de los próximos años podrán prepararse desde un ámbito académico y al leer esto quizás pienses que esto no es para ti. Pero la base de lo que estoy diciendo no es que haya que salir corriendo al seminario sino que si hay que invertir tiempo y dedicación a ser cada vez mejores.

Gracias a Dios hoy hay cada vez más recursos bibliográficos y paginas Web de ayuda para líderes juveniles. Al final de este libro hay una lista de organizaciones publicadoras de recursos para que sigas perfeccionando tu liderazgo y mejorando tus programas. Aún una cantidad importante de recursos seculares pueden servir a un liderazgo que entiende que sus jóvenes se merecen una seria reflexión y preparación.

Al viajar por todo el continente me ha llamado la atención ver que los líderes juveniles de ministerios sanos y creciendo inevitablemente tienen una pequeña biblioteca de libros de ideas y recursos de ministerio juvenil. Libros de lecciones bíblicas, juegos, actividades, devocionales y de todo lo que les pueda servir.

Existiendo especialización, estrategias y procedimientos definidos las expectativas cambian y la congregación empieza a entender que el ministerio juvenil no se trata simplemente de conservar un grupo de jóvenes en los valores evangélicos, sino que esos valores puestos en práctica se traducen en expansión. La puesta en funcionamiento de los dones del Espíritu de jóvenes que ya están listos para ser útiles al Reino requiere de directores técnicos y entrenadores lo mejor preparados para sacar equipos campeones.

1. ¿En cuáles de las señales mencionadas en este capítulo crees que estás fuerte y en cuáles tienes que hacer un esfuerzo extra?

2. ¿Cuáles de estas señales necesitan ser fortalecidas en otros líderes a tu alrededor y cómo puedes ayudarles?

3. ¿Por qué es sabio incluir a los padres y cuál es el beneficio de hacerlo? ¿Qué elementos habría que añadir en el ministerio considerando a los padres?

4. ¿Qué actividades se pueden realizar para incentivar el trabajo de un equipo de liderazgo?

5. ¿Qué piensas de la especialización? ¿Qué puedes hacer al respecto?

www.especialidadesjuveniles.com

El Nivel de Madurez de los Jóvenes y los Estilos de Liderazgo

"Aquel que cree estar terminado, está terminado.
Cuán cierto. Aquellos que creen haber llegado
han perdido su camino. Aquellos que creen haber
alcanzado su meta la han perdido"
Henri Nouwen

Si el blanco final del ministerio juvenil puede ser resumido en acompañar a cada joven que tengamos el privilegio de ministrar a la madurez en Cristo (Colosenses 1:28) es clave que el liderazgo esté preparado a dar participación, involucramiento y protagonismo a esta generación.

La gran cuestión es que nos enfrentamos a tres desafíos: El primero es que no todos los jóvenes son igual de maduros. La chica de trece y la de 22 están en dos etapas completamente diferentes. Obviamente la manera de atraerlas, involucrarlas y movilizarlas no es igual. El segundo desafío es que no todos los líderes tenemos estilos iguales. Por eso no nos sirve que cuando se reflexiona o se escribe acerca de liderazgo juvenil no se tengan en cuenta nuestras diferencias de personalidad, dones y talentos. Hay diferentes maneras de ejercitar la influencia apropiada. El tercer desafío es que en la iglesia perdura una leyenda que complica los dos desafíos anteriores. Se trata de la leyenda del llanero solitario: el líder súper predicador que vaga solo y arregla todo detrás de un púlpito. Las iglesias suelen "creer" que hay un solo estilo de liderazgo efectivo y en este capítulo vamos a quebrar la leyenda.

Los Niveles de Predisposición en los Adolescentes y Jóvenes

Te invito a que llamemos al nivel de madurez: nivel de predisposición.

No se puede pretender que un adolescente se comporte y se exprese como un adulto. No todos los jóvenes están en el mismo nivel de maduración y la maduración tiene que ver con la resolución de las necesidades mencionadas en los capítulos anteriores. A medida que los jóvenes van respondiendo a las necesidades que mencionamos en el capítulo 3, va cambiando su nivel de maduración y por ende su nivel de "predisposición" para ser un seguidor protagonista dentro del ministerio juvenil. Tres autores grandemente reconocidos dentro del ambiente de la administración de empresas, Hersey, Blanchard y Johnson definen predisposición como *"la medida en que un seguidor demuestra la habilidad y el deseo de cumplir una tarea específica."*[31]

En sentido amplio, la tarea deseada en el caso del ministerio juvenil puede ser definida por la realización de los propósitos.

Me gusta la categorización que hacen los mismos autores acerca del nivel de predisposición. Según su modelo los componentes principales de la predisposición son la *"habilidad"* y la *"disposición"*. Teniendo en cuenta las características del ministerio juvenil también vamos a agregar *"madurez"*.

Ahora vamos a ponernos un poco técnicos y vamos a seguir diversos esquemas y cuadros que nos van a ayudar a completar la figura que compartimos en el capítulo 1. Se que algunos de ustedes se van a entusiasmar con esto y otros no tanto pero te

---

31   (Hersey, Blanchard y Johnson 1996:193)

prometo que siguiéndolos con atención vas a encontrar cómo estas ideas pueden tener un impacto poderoso en tu ministerio.

El siguiente cuadro es una adaptación personal de los cuatro niveles de predisposición propuestos por estos autores:

Niveles de predisposición a la participación

Nivel de predisposición

←——

P4 Alto	**P3** Moderado	**P2**	Bajo **P1**
Dispuesto Hábil Jóvenes mayores – madurez	*No Dispuesto* Hábil Adolescentes intermedios	*Dispuesto* No hábil Adolescentes menores	*No dispuesto* No hábil Niñez - Pre- adolescentes
Madurez			Pubertad

Predisposición 1 Pre-adolescentes:

Los pre-adolescentes no tienen en ninguna manera resueltas las cinco necesidades fundamentales de la edad. En esa realidad radica su inmadurez. Con relación a los propósitos del ministerio juvenil los pre-adolescentes tienen poca disposición y poca habilidad para individual e independientemente sumar los propósitos a su propia vida y solos frente a los propósitos y las tareas o responsabilidades se sentirán intimidados. Usualmente estos son los de doce y trece años.

Predisposición 2 Adolescentes menores:

A medida que se van integrando en el ministerio juvenil empiezan a mostrar más disposición personal a hacer lo que los líderes están intentando hacer. Tareas específicas y creativas seguirán acrecentando su disposición en tanto reciban una afirmación positiva del resto del grupo. En términos generales en cuanto a habilidad, todavía no estarán lo suficientemente experimentados como para desarrollar alguna tarea esperada que requiera iniciativa individual. En los de esta edad se puede notar una evolución respecto a la madurez en sus intentos de aparentarla. Usualmente estos son los de catorce a quince años.

Predisposición 3 Adolescentes intermedios:

Lo curioso en este nuevo nivel es que el individuo ya puede considerarse hábil por haber acumulado suficiente experiencia y ya puede visualizar la tarea (los propósitos) en forma clara e individual, pero baja su nivel de disposición. ¿Por qué? Por dos razones: Por un lado en esta edad dependen muchísimo del grupo de pares y es la edad dónde la escuela los tiene más pendientes. Por el otro, el nivel de disposición baja en comparación con P 2 porque ahora son ellos los que empiezan a estar a cargo de ciertas cosas.

Sin embargo los que están en este nivel son los que generalmente son buscados para el voluntariado en la mayoría de las iglesias que conozco. Dejan de ser jóvenes y adolescentes que solo reciben para convertirse en dadores. Su cercanía con los líderes les brinda la oportunidad de ser los nuevos encargados de alcanzar los propósitos. Sin embargo al todavía estar inmaduros en la resolución de sus necesidades fundamentales suelen encontrar dificultades sobre todo en sus relaciones interpersonales (Noviazgo, crisis familiares etc). Usualmente estos son los de quince a dieciocho o diecinueve años dependiendo el contexto.

Predisposición 4 Adolescentes mayores o jóvenes:

Los jóvenes de este nivel son los que tienen la posibilidad de alcanzar los propósitos de forma autónoma. Son capaces de tomar decisiones ejecutivas efectivas y pueden estar pendientes de la productividad del ministerio si son lo suficiente mente estimulados y maduros espiritualmente. Estos jóvenes se hacen cargo no por autorización del líder sino por reconocimiento del grupo. Su liderazgo es natural. Tienen disposición, habilidad y sus necesidades fundamentales están lo suficientemente resueltas como para ir concentrándose en la productividad. Usualmente estos son los de diecinueve años para arriba.

El Nivel de Predisposición con Relación a las Variables

P1 es el que tienen más dificultades en moverse en torno a los propósitos del ministerio juvenil de manera personal, mientras que **P4** es el que tiene más facilidad. Veamos como engancha estas subdivisiones a lo que veníamos conversando en los capítulos anteriores respecto a **Propósitos, Programas y Relaciones**:

necesita un fuerte trabajo relacional y un programa lo suficientemente atractivo para asimilar los propósitos a su vida.

está involucrándose. Todo es más novedoso y muestra entusiasmo. En este nivel los adolescentes son proclives a prestar más atención al programa que a las relaciones. De todas maneras, ya no necesitan un liderazgo tan directivo como en el nivel anterior (-ups, lo de "directivo" se me escapó, ya pronto viene-).

ya es candidato al voluntariado o ya lo es, y tiene una relación natural cercana con los líderes. Esas relaciones significativas son las que definen el desempeño de **P3** aunque ya no necesita la cercanía de los niveles anteriores. Lo mismo ocurre con el programa, ya no tiene el mismo grado de indispensable para aplicar los propósitos a su vida.

demanda menos atención cercana y menos dirección específica. Es capaz de asimilar los propósitos sin un fuerte comportamiento relacional de parte de los líderes y sin depender de la atracción del programa.

El siguiente diagrama muestra lo que acabamos de conversar en relación a las tres variables centrales del diagrama principal:

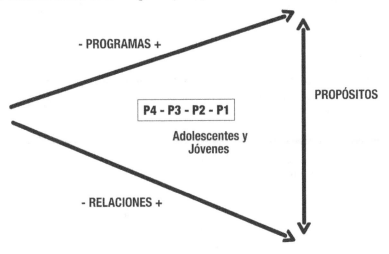

Estilos de Liderazgo

Blake y Mouton en su libro "The managerial Grid" (La cuadrícula administrativa) proponen un estilo ideal de liderazgo. Según su cuadrícula hay dos variables fundamentales que son: *interés por la producción* e *interés por las personas*. En comparación con el esquema que estamos usando, estas variables cumplen la misma función que la variable de relaciones y la de programas. La tesis de Blake y Mouton es que el nivel de resultados de una organización depende de que los líderes pongan un alto interés en relaciones cercanas y un alto interés en la producción o en las actividades y programas.

A primera vista esto es correcto y esta es la presuposición de la mayoría de las iglesias por lo menos en América. Esta es la posición tradicional de aquellos que han estado involucrados en el entrenamiento de líderes juveniles por años (se pude notar en algunos libros) y también fue mi posición por largo tiempo. Tiene que ver con la leyenda que antes mencionaba. Pero el estudio de Hersey, Blanchard y Johnson significó un cambio de paradigma en el mundo de la administración organizacional y cambió mi compresión de los estilos de liderazgo. Estos autores proponen que no hay un estilo ideal para conseguir el desempeño deseado en una organización sino que hay distintos estilos que son productivos en situaciones diferentes y el mejor liderazgo es el que *"aprende"* a adaptarse a distintos estilos.

> No hay un estilo ideal para conseguir el desempeño deseado en una organización sino que hay distintos estilos que son productivos en situaciones diferentes.

Vamos a los estilos. Los cuatro estilos adaptables propuestos por Hersey, Blanchard y Jhonson son los siguientes según las correspondientes características :

1. Estilo 1 (**E1**) - Liderazgo altamente directivo.

Se trata de alguien que *ordena*.
Pone mucho énfasis en los programas, actividades y resultados.
Poco cuidado en las relaciones cercanas.
Toma la mayoría de las decisiones.
Da instrucciones precisas.
Alta supervisión de los resultados.
Establece metas para toda la organización.
Define los roles de los demás.

2. Estilo 2 (**E2**)- Liderazgo altamente directivo a la vez que altamente relacional.

Se lo percibe como alguien que inspira y *persuade*.
Mucho énfasis en los programas, actividades y resultados.
Mucho cuidado en las relaciones cercanas.
Persuade a los demás a seguir sus decisiones.
Da instrucciones abiertas dando la posibilidad a los seguidores a sumar su criterio.
Inspira a los demás a seguir sus propias metas.
Explica los roles de los demás señalando su importancia.

3. Estilo 3 (**E3**) – Liderazgo altamente relacional.

Le presta máxima atención a las relaciones y pone los programas y actividades en un segundo plano.
Se lo percibe como alguien que comparte.

Bajo desempeño en los programas, actividades y resultados.
Mucho cuidado en las relaciones cercanas.
Se esfuerza por conseguir consenso en las decisiones.
Toma decisiones en conjunto.
Llega a un acuerdo en cuanto a las instrucciones.
Pregunta a los demás cuáles son sus metas.
Los dirigidos establecen sus propios roles.

4.   Estilo 4 (**E4**) - Liderazgo minimamente directivo y relacional.

Se lo percibe como alguien que delega y deja ser y hacer.
Baja participación en los programas, actividades y resultados.
Poco cuidado en las relaciones cercanas.
Deja que los demás tomen sus propias decisiones.
Se limita a indicar el resultado final esperado o los propósitos.
Los dirigidos establecen sus propios roles

Ahora dicho en dibujo para que podamos visualizarlo:

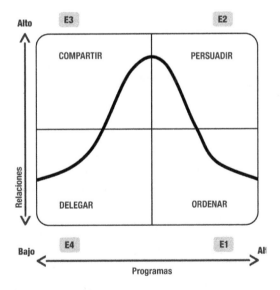

Estilos, Programas y Relaciones

La gran idea de estos conceptos es que hay distintos estilos que pueden ser efectivos según las distintas edades y las distintas situaciones ministeriales. Los líderes efectivos no se comportan siempre igual y cada estilo puede ser bien o mal usado según las necesidades situacionales de ordenar, persuadir, compartir o delegar.

Veamos el siguiente cuadro:

	EFECTIVO	NO EFECTIVO
E 1	Dice	Demanda
	Guía	Domina
	Dirige	Ataca
	Establece	Limita
E 2	Persuade	Manipula
	Vende	Sermonea
	Inspira	Miente
	Explica	Racionaliza
E 3	Da participación	Condescendiente
	Anima	Indefinido
	Acompaña	Inseguro
	Respeta	Queda bien con todos
E 4	Delega	Abandona
	Observa	Esquiva
	Asigna	No quiere trabajar
	Da libertad	No le importa

Si miras las palabras dentro de la columna EFECTIVO te vas a dar cuenta que son sea cuál sea el estilo, todas positivas. Dios me regaló el privilegio de trabajar con una cantidad increíble de líderes de distintos estilos y de todos he aprendido muchísimo. Lo que si me ha preocupado es que muchos fueron "convencidos" de que no solo existía un solo estilo válido (el del líder directivo sumado a todo lo que tiene que ver con la cultura machista) sino que ellos mismos estaban condenados a trabajar desde uno solo de estos estilos. Es cierto que todos tenemos tendencias y cualquiera que me conoce hace años sabe cuáles son las mías. Pero en lo últimos años me ha reconfortado encontrar cierta confusión respecto a mi estilo y es porque ya no tengo solo uno, sino que uso diversos para distintas circunstancias.

Si Hersey, Blanchard y Johnson estuvieran en nuestra conversación dirían:

"Usando el liderazgo situacional, uno siempre debe recordar que no hay una manera mejor que siempre es efectiva para influenciar a otros en torno a los resultados esperados."

Liderazgo Situacional: Los Estilos y el Nivel de Predisposición de los Seguidores en el Ministerio Juvenil

Vamos a nuestro diagrama original y veamos como todo esto se inserta. La si-

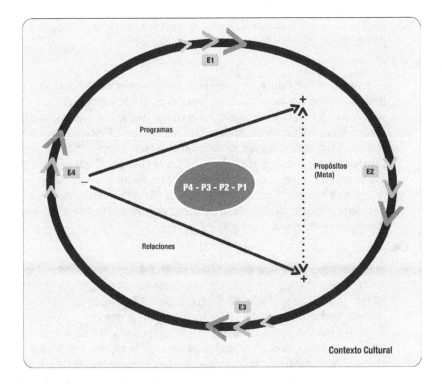

guiente figura representa como los distintos estilos se mueven en relación a las distintas variables y al nivel de predisposición de los adolescentes y jóvenes.

E 1

- Es un estilo muy efectivo para definir el programa y las actividades en torno a los propósitos. Los líderes utilizando este estilo ponen mucho énfasis en el programa. Respecto de los adolescentes y jóvenes este estilo suele funcionar mejor cuando los seguidores son **P1**. Para los P1 los programa son fundamentales. Para las relaciones cercanas todavía no están del todo listos y a su vez todavía están bastante protegidos por papá y mamá y no les hace falta líderes tan cercanos. Ellos necesitan dirección, parámetros y límites. También E1 funciona muy bien cuando hay que poner el programa en su lugar. Por ejemplo en la fundación de una organización o el comienzo de un nuevo ministerio o actividad, E1 es el liderazgo que consigue resultados más fácil. (algunos señalan que P1 es la descripción de la tarea apostólica de empezar donde no hay nada).

E 2

- Es el gran motivador. Es ideal para un adolescente **P2** con la disposición de participar pero sin la habilidad y la madurez para desempeñarse de manera autónoma en el nivel ideal. E2 es excelente para llevar a los miembros del ministerio juvenil a un nivel superior de madurez porque sabe hacerlo siendo altamente programático y altamente relacional.

E 3

- Es el democrático. Consenso y equilibro son dos palabras importantes. No se deja fascinar por las actividades grandes coloridas y atractivas sino que su énfasis está en el discipulado y la pastoral. Si bien no son los más populares en la Iglesia en general, es fácil ver al líder E3 diciendo que para él o ella los números no son lo importante y estar convencidos de que el suyo es el verdadero liderazgo espiritual. E3 es ideal para adolescentes **P3**. Miembros que tienen la habilidad para ejecutar pero que necesitan un fuerte respaldo emocional para largarse. Los P3 necesitan sentirse respetados para poder ejecutar al nivel de su habilidad y este estilo de liderazgo les da la compañía necesaria.

E 4

- Es el estilo que suele funcionar mejor con los **P4**. Los jóvenes P4 tuvieron suficiente oportunidad de práctica, se sienten seguros en poder alcanzar los resultados y tienen la madurez necesaria para funcionar de manera autónoma. No hace falta que el líder les diga todo lo que tienen que hacer, ni que les venda o persuada en torno a los propósitos. Tampoco necesitan consensuar todo con él o ella acerca de los procedimientos. Los P4 son los nuevos líderes dentro de la organización y son ellos mismos los que trabajan las relaciones y los programas en torno a los propósitos. Cuando E4 funciona bien, delega sin abandonar y da mayor libertad para que los jóvenes le den forma a las estrategias.

Variables del Ministerio Juvenil Efectivo y el Liderazgo Situacional

Siguiendo el esquema en el que venimos avanzando, el liderazgo situacional sugiere la siguiente secuencia:

- Identificar las necesidades esenciales y el nivel de predisposición de los involucrados en el ministerio juvenil.

- Definir los propósitos del ministerio juvenil.

- Considerar el programa y las relaciones como los medios para alcanzar los propósitos y planificarlos de manera productiva.

- Evaluar los distintos estilos de liderazgo aplicables para cada nivel a la luz de las actividades y las distintas variantes programáticas.

¡Si no eres directivo, no eres una gran predicadora, no tocas el teclado ni la guitarra, ni te gusta estar siempre al frente puedes ser un o una excelente líder de jóvenes! Los líderes sobresalientes en esta nueva era de la Iglesia son personas todo terreno que aprenden a adaptarse a distintas circunstancias y varían sus estilos de acuerdo a la situación. Si al ver las descripciones identificaste una tendencia en tu estilo de liderazgo y dijiste acá estoy yo, te animo a con seguridad enfocar tu ministerio hacia aquellas situaciones que te son más propicias pero por favor no te conformes siempre con eso. Recuerda que todos los cristianos, incluyendo a los líderes estamos en proceso de seguir creciendo. No te olvides: Teniendo en cuenta el modelo situacional, distintos estilos son óptimos en distintas características y situaciones.

> ¡Si no eres directivo, no eres una gran predicadora, no tocas el teclado ni la guitarra, ni te gusta estar siempre al frente puedes ser un o una excelente líder de jóvenes!

Una Última Reflexión en Cuanto a los Estilos

Te habrás dado cuenta que salta a la luz la necesidad de un liderazgo que sepa trabajar en equipo. Es obvio que si bien debemos ensanchar nuestro territorio de tendencias y a la vez no dejar que nadie nos desanime de que no tenemos el estilo aclamado por la iglesia, tenemos que darnos cuenta que el panorama ideal se da cuando podemos contar con un equipo de personas con estilos y habilidades diferentes. Ya nos decía Eclesiastés: *"Más vale dos que uno, porque obtienen más fruto de su esfuerzo." (Eclesiastés 4.9)*.

Para el liderazgo efectivo hacen falta estilos distintos en situaciones diferentes. Nos necesitamos unos a otros para el desarrollo del gran mandamiento y la gran comisión. Por eso la comunión es un medio para alcanzar todo nuestro potencial en la riqueza del cuerpo de Cristo. También es evidente que el estilo apropiado no solo es una cuestión de los líderes sino de la madurez de los liderados. Ejercitar el liderazgo apropiado es el complejo resultado de una diversidad de factores y es mi oración que sigan levantándose líderes que no se estanquen en su desarrollo. Líderes que sigamos aprendiendo a celebrar la diversidad adentro del cuerpo y ser los mejores con lo que nos dio el Señor.

1. ¿Cuál estilo de liderazgo te identificas más? (o por cuál tienes mayor tendencia).

2. ¿Con qué estilo tienes mayor dificultad?

3. En tus palabras, ¿cuáles son las habilidades que distinguen a P1 y P4 cuando son efectivos y cuáles cuando no lo son?

4. ¿Cómo se relacionan los 4 estilos con los 4 niveles de madurez?

5. ¿Cuál es la idea central con respecto al liderazgo situacional?

www.especialidadesjuveniles.com

Hacer Contacto con la Cultura que Quieres Afectar

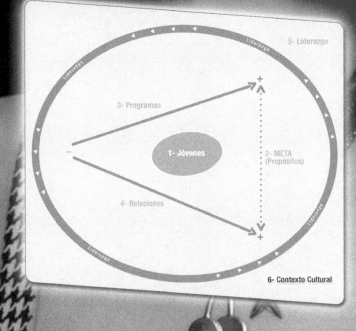

5- Liderazgo

3- Programas

1- Jóvenes

2- META
(Propósitos)

4- Relaciones

6- Contexto Cultural

Un Planeta de Cambios

"Nuestras defensas culturales pueden impedirnos oír
el trueno de la Palabra de Dios y dejarnos con los ecos
reconfortantes de nuestros propios
prejuicios culturales"
John Stott

Para distinguir cómo la juventud "de hoy" puede ser atraída a tomar su lugar en la iglesia que Dios planeó en su corazón, hace falta reflexionar y describir la cultura en que esta generación y la iglesia coalicionan.

La última de las 6 claves que he visto funcionar en ministerios juveniles sanos nos dice que los ministerios efectivos hacen contacto con la cultura que pretenden invadir. Estos ministerios tienen líderes con una idea astuta de en qué andan los adolescentes que quieren conquistar para Cristo. Utilizan los códigos modernos sin alterar el mensaje eterno porque saben diferenciar qué es central en el mensaje evangélico y qué es cuestión de formas, tradiciones y cultura, y por eso son relevantes para una comunidad.

Este también va a ser un capítulo para usar la cabeza. Quizás este capítulo te parezca un poco más científico, habrá más citas y quizás te cueste un poco más seguirlo como a mi me costó escribirlo; Pero es importante que profundicemos nuestro entendimiento de los tiempos. Es imposible traducir los mensajes eternos al tiempo moderno con una mentalidad y comprensión de tiempos pasados.

> Saben diferenciar qué es central en el mensaje evangélico y qué es cuestión de formas, tradiciones y cultura.

Obviamente el marco cultural de un chico del siglo pasado no es el mismo que el de uno cuya adolescencia transcurre recién empezado el tercer milenio. El profesor Charles Kraft dice que la cultura *"consiste en todas las cosas que aprendemos en el mundo, después de haber nacido, que nos permiten funcionar de la manera esperada como seres biológicos con relación a su ambiente."*[32] Tiempo y espacio sientan diferencias determinantes a la hora de definir una generación y de describir ese "ambiente."

Lo primero para hacer certero contacto con la cultura es entender mejor qué es lo que está pasando a nuestro alrededor. Los cristianos solemos ponernos a la defensiva de cualquier cosa nueva que anda por la atmósfera. Si no sabemos de qué se trata: por las dudas estamos en contra. Pero hay algunas discusiones respecto a la cultura general que al menos en occidente estamos inmersos, que los líderes sabios deberían tener una idea de que existen. No digo que lo más importante para nosotros es la discusión filosófica del asunto pero créeme que las tendencias en la cultura afectan el desarrollo de tus jóvenes y sobre todo como ellos entienden al mundo y qué creen que es más atractivo.

Posmodernidad, su Historia y con Qué se Come

Muchos estudiosos de los procesos de evolución de la cultura coinciden en que la critica de la modernidad iniciada por el romanticismo en el siglo diecinueve tuvo

---

32   (Kraft 1996:6)

su punto álgido con el surgimiento de un filosofo altamente corrosivo.[33] Su nombre era Federico Nietzsche. Nietzsche criticó a la moral definiéndola de anti natural por provenir de la idea mística de un Dios moral. Por eso su declaración más conocida fue: *"Dios ha muerto."*[34]

El antropocentrismo del renacimiento, el racionalismo de Descartes, el poder del pueblo, y el nuevo auge de la ciencia intentarían hacer de la afirmación de Nietzsche una hipótesis confirmada. El siglo diecinueve vio tantos cambios estructurales en la conformación de los distintos estados nacionales que un evidente positivismo se apoderó de la escena internacional. Para ese entonces ya se olía un descrédito respecto a la iglesia oficial e incluso a muchos movimientos de la reforma. La modernidad erigió entonces nuevos ideales y atrás de los ideales surgirían ideologías de cómo alcanzarlos. Algunas de las ideas dando vuelta en "ese ambiente" eran:

-El avance tecnológico y científico solucionaría los problemas humanos.

-La ausencia de monarquías, el orden liberal o el poder del pueblo corregiría los problemas políticos y sociales

-Ya no haría falta consultar a la religión.

Pero entrado el siglo que acaba de terminar, los supuestos de la modernidad no tardaron en fracasar. A pesar de posibilidades de comunicación antes impensables, el ser humano sigue experimentando aislamiento y soledad. Terminadas las grandes guerras se terminaron los grandes ideales de paz obtenibles por el progreso y con ellos el interés en participar en proyectos o "utopías" cuya finalidad fuera legitimar, dar unidad y dar acción a movimientos sociales. Las nuevas generaciones no tardarían en descreer acerca de la posibilidad de un proyecto de verdadero cambio o revolución social.

Así llegamos a la posmodernidad: un tiempo en que el individualismo consumista, la satisfacción instantánea y las posibilidades privadas fragmentaron la sociedad en un montón de intereses personalistas que fluctúan entre la oferta y la demanda.

> El individualismo consumista, la satisfacción instantánea y las posibilidades privadas fragmentaron la sociedad en un montón de intereses personalistas que fluctúan entre la oferta y la demanda.

Algunos señalan la llegada a la luna en el año 1969 como el hito que separa a la posmodernidad de la modernidad y otros la llaman la edad post-industrial (Lyotard 1995). Obiols y Segni de Obiols dicen que: *"Desde su uso en los medios de comunicación en primer termino, y en el vocabulario de algunos jóvenes posteriormente, quienes la abreviaron 'posmo,' nos fuimos habituando a una palabra que, en*

---

33   Mardones, Vattimo, Lyotard y Lypovetsky entre otros.

34   (Nietzsche 1988:42)

casi todos los casos, se emplea con un significado extremadamente vago."[35] Lo obvio es simplemente decir que es la edad de la cultura que sigue a la modernidad. Pero ¿Cuales son sus notas salientes?

Según los pensadores clásicos que primero reflexionaron en la posmodernidad, las marcas interiores de los individuos posmodernos, en especial los jóvenes que se amamantaron por los medios masivos de comunicación, son descreer de:

Una razón fundamentadora de absolutos (llámese Dios o moral) que pueda proporcionar cimientos a una visión universal de lo bueno y lo malo (Nietzsche en sus profecías).

Grandes ideales que den sentido a la historia legitimando proyectos políticos, sociales y económicos como en la modernidad (por ejemplo el progreso)[36]

Un proyecto de vida significativo en la persecución de ideales personales que no sean económicos.[37]

Pero dejemos estos presupuestos clásicos y avancemos.

El Imperio de la Imagen Mediática

Los medios masivos de comunicación han contribuido a que el ritmo de cambio llegue a ser tan vertiginoso que las consignas sean renovadas constantemente. Las noticias de ayer hoy ya son parte del pasado. Muchas veces la reacción cultural a la información de los medios es la producción de dos mitos:

Si algo importante ha ocurrido se escuchará de ello en los medios.

Si no se vio en televisión, no se escuchó en las radios o no se leyó en los diarios, no es suficientemente importante.

Nada parece ser importante si no es transmitido desde los medios y por consecuencia los medios se convierten en los dispositivos que manipulan la valoración general de la realidad. Es increíble pero para muchos jóvenes ver algo en una pantalla hace que ese algo sea mucho más atractivo que verlo en vivo.

Pero los medios no solo alteran los sucesos sino que a veces logran confundir lo

---

35   (Obiols y Segni de Obiols 1996:2)

36   (Lyotard 1995).

37   (Mardones 1991)

real de lo imaginario. Cuando CNN[38] transmitió en vivo la guerra del golfo sentó un precedente en la historia. Por primera vez podía verse la sangre de los soldados, los mísiles destruyendo ciudades o escuchar el clamor de dolor, en vivo desde el sillón de tu casa. Como resultado, para tus jóvenes se hace cada vez más difícil diferenciar lo que es real de lo sucede en las películas. Hoy parecerá ridículo pero el día del atentado a las Torres de Nueva York yo estaba en Buenos Aires y vi lo que estaba ocurriendo desde el televisor de un restaurante. El hombre que estaba al lado mío me miró y me dijo: *"¿Será verdad? Parece una película."*

Es increíble pero para muchos jóvenes ver algo en una pantalla hace que ese algo sea mucho más atractivo que verlo en vivo.

¿Qué del Internet? La mega red expone al mundo y permite todo tipo de interacción desde la aislamiento de una computadora portátil.. Aunque existen dispositivos parentales para controlar esto, el acceso a material pornográfico por parte de adolescentes y niños es indiscriminado. El problema es que son especialmente los adolescentes y hasta los niños los que mejor manipulan la computación mientras que los padres no saben ni como prender el aparato.

Otra de las características de la sociedad condicionada por los medios es la llamada cultura de la imagen. Seguramente escuchaste la frase: "Una imagen habla mas que mil palabras." Una de las notas salientes de este ambiente es el video clip. Desde la aparición de MTV en 1981, el video clip se ha extendido de tal manera que no hay hoy un programa televisivo o multimedia que no haga uso de este recurso. Los video clips no tienen palabras, solo imágenes superpuestas a un ritmo vertiginoso que a su vez forman parte de la estética posmoderna.

Tenemos en frente una generación que se ha criado y se sigue desarrollando ante la sombra de lo que los medios masivos de comunicación ofrecen. Los mensajes que los medios transmiten directa o indirectamente, condicionan la autoestima, la vocación, el desarrollo volitivo, la moral y la socialización de la siguientes generaciones con un poder cada vez mas determinante. Pero el imperio de la imagen y la cultura mediatizada no solo ha afectado a los adolescentes. Los medios han proyectado a la adolescencia como a la edad de la virtud desprejuiciada. Las modelos que en su mayoría son adolescentes de menos de 18 años son el paradigma de la imagen femenina vendida desde

Revistas plagadas de mujeres y hombres con cuerpos adolescentes y recomendaciones de dietas para tener la cintura ideal, que sólo una adolescente puede tener, han provocado un ideal estético que es acompañado por ropa y actitudes.

38   CNN tiene hoy una audiencia de más 114 millones de hogares solo en Estados Unidos y es visto en mas de 210 países a través de quince satélites.

los medios. Revistas plagadas de mujeres y hombres con cuerpos adolescentes y recomendaciones de dietas para tener la cintura ideal, que sólo una adolescente puede tener, han provocado un ideal estético que es acompañado por ropa y actitudes. En el caso de la delgadez, esta ha capturado el estado de valor supremo para la mayoría de los adolescentes de todo el mundo y probablemente ya puedes dar una conferencia de los problemas de bulimia y anorexia.

Algunos otros Trueques

Imagina que el Apóstol Pablo se levanta de la tumba y camina por las calles. Todo es tan distinto. Lee los diarios, mira la televisión, habla con los chicos en la puerta de una escuela y espía por una ventana la vida de una familia de tu ciudad. Anota en su diario los siguientes trueques que han ocurrido en los últimos años:

Absoluto por Relativo: Los generadores de opinión en los medios mezclaron los negros y los blancos morales creando una infinita gama de grises. Conductas que antes eran inadmisibles hoy son una posibilidad más. En el terreno religioso, la cultura popular latinoamericana decía que eras católico o estabas perdido. Hoy los jóvenes dicen que hay muchos caminos y todas las religiones son igual de validas. Los valores no son absolutos sino relativos a las circunstancias y la conveniencia de cada uno. Abres el Internet y puedes sacar la más actualizada información o la peor basura pornográfica. Lo mismo ocurre en todo los niveles. Tienes la opción.

Algunos hablan de "tolerancia" y que así es una sociedad más justa. Otros ponen el grito en el cielo de hasta a donde no se puede ejercer ningún tipo de juicio de valor sobre la conducta privada de los demás. Un ejemplo es el tema de la homosexualidad. Años atrás nadie que no fuera homosexual hubiera afirmado que dicha orientación fuera una opción. Hoy los medios disparan que solo es una posibilidad que algunos eligen y hay que respetar. Si te hace sentir bien hazlo, es consejo de todos los días detrás de las paredes de la escuela de tus jóvenes. La opinión popular dice que todo es relativo a las circunstancias de cada persona.

Productividad por Placer: En una era donde todo tiene que ser ya y ahora, queda poco espacio para pensar en producir para el futuro. Los jóvenes de hoy dicen que quieren disfrutar del momento. Nuestros abuelos tenían una especial fascinación con el trabajo. En especial para los hombres, su trabajo era todo. Había que avanzar y había que hacer. La publicidad nos llevó al extremo de quedar culturalmente embobados con cosas que predican producirnos instantáneamente esos tesoros por los que nuestros abuelos luchaban. Es increíble lo que las publicidades tratan de hacernos creer. *"Si tienes una tarjeta de crédito el mundo esta en tus manos. Si tienes una Pepsi serás aceptado por los de tu generación. Si tomas la cerveza correcta unos ojos azules quedarán mirando a los tuyos."* Nunca en la historia ha habido tantas formas de entretenimiento, tantos gustos, tantos productos ni tanta ropa. La industria del placer es un gigante. La vida será cada vez más cómoda y este cambio ira formando nuestra manera de pensar. Ya están lejos esos inmigrantes europeos que llegaron a América a sudar la gota gorda para trabajar la tierra. Si puedes obtener placer sin esfuerzo para tus amigos eres genial. Relax era una mala palabra generaciones atrás, hoy es sinónimo de bienestar.

Rebeldía por Indiferencia: A la juventud de los sesentas y setentas le encantaba la rebeldía social. Las protestas estudiantiles estuvieron de moda por años. Los primeros movimientos ecologistas empezaron a hacer sus reclamos naturales. El rock n roll era el himno que sonaba y la onda era oponerse. No importaba mucho a qué rebelarse pero traía status. Desde la antigüedad los jóvenes eran considerados la mayor fuerza de cambio social y entre los 60 y los 70 se encargaron de gritarlo. Pero pese a las manifestaciones, los colores estridentes, los nuevos ritmos la sociedad se siguió moviendo en dirección a la corrupción y el materialismo consumista. El resultado fue que las nuevas generaciones instalaron la frase "que me importa" como una expresión de sus sentimientos. Hablo con adolescentes y les pregunto que piensan de la sociedad y de la política y a la mayoría no les interesa. "Son todos unos corruptos" es la respuesta más común. Algunos un poco más pensados me dicen que no es posible cambiar nada porque es parte de todo un "sistema" corrupto. La mayoría ni piensa al respecto pero es evidente que las nuevas generaciones tienen mucho más interés en si mismos y menos interés en la comunidad de lo que sucedía tiempo atrás. El razonamiento popular ha funcionado más o menos así: "*si nada voy a lograr realmente no me interesa involucrarme.*" Por otro lado, si no hay disciplina no hay con que rebelarse.

Familia por Multifamilia: Un tercio de los niños de Estados Unidos se van a la cama sin un padre en la otra habitación. En Argentina, la hermana menor de mi esposa era la única de su clase con una familia con papá y mamá en casa. Ocho de cada diez de los jóvenes del ministerio entre latinos que pastoreaba en California tenían uno de sus padres ausentes. Sean cuales sean las causas de cada ruptura familiar, Dios quiere que compartamos su amor y su poder con esta generación teniendo en cuenta la posición en que se encuentran. Mucho material para estudio bíblico y muchos sermones no tienen en consideración cuantos de los jóvenes que están en la iglesia viven esta situación y sin querer pecan de imprácticos o hasta hacen sentir culpables a los que heredaron este problema. Los hijos de estas familias tienen hermanos compartidos con otros papás y mamás y muchas veces son criados por padres no naturales.

Logros por Carácter: Alguien que llegaba a un puesto de reconocimiento era alguien. Se paraba un líder político, social o religioso y la gente escuchaba. Si una persona era medico, ingeniero, abogado, pastor o sacerdote, instantáneamente tenía el oído atento de los jóvenes que los admiraban por lo que habían logrado. Hoy los títulos no quieren decir nada. Se levantan los políticos, dan discursos con fuertes cargas morales y ninguno de nosotros cree nada de lo que dicen. Esta generación no está segura que los que llegaron lejos lo hicieron porque se esforzaron. Quizás hicieron trampa, quizás alguien les dio el dinero, quizás… Hoy se sospecha de los logros de los demás. Lo que cuenta es lo que somos en la realidad… Las nuevas generaciones van a estar más y más interesadas en ver gente que es consistente en todas las áreas de la vida. Fíjate las expectativas puestas en los padres. Ahora puedes ver tantas publicidades donde el padre es el que tiene al niño en brazos y se lo ve trayéndole el café a la cama a su esposa. Antes solo importaba que traiga dinero.

Educados por Especialistas: El lema de mi escuela secundaria era "saber es poder". No se aclaraba qué era lo que había que saber. Simplemente era saber, y con esa idea estaban armados los programas de estudio. Educación era adquirir conocimientos generales de todo tipo y materia. Al progresar los estudios íbamos adquiriendo poco de mucho sin saber mucho de nada. Hoy el mercado laboral requiere cosas específicas y la educación está cambiando. En países como Japón y Estados Unidos los niños podrán tener pocos conocimientos generales pero desde pequeños se hacen especialistas en algo. Esto también está afectando la educación ministerial. Antes los seminarios enseñaban Biblia. Ahora tienen que agregar materias de acuerdo a distintas especializaciones: misiones, teología, iglecrecimiento, predicación, ministerio juvenil. Hay sectores que están más atrasados que otros pero todo se está moviendo en esta dirección.

Religiosidad por Espiritualidad: Ya lo mencionamos: Prendes el televisor y hasta los dibujos animados están llenos de mística. Son dioses, demonios, ángeles y espíritus los héroes o villanos de innumerables programas infantiles y adolescentes. También en los video games. Muchos cantantes de moda dicen que se consideran "espirituales", o que están buscando su verdadero "yo" o "ser" adentro de ellos. A veces me siento en iglesias católicas en Latinoamérica a observar a la gente y cada vez veo más adolescentes en frente de las imágenes. Le preguntaba a un grupo de adolescentes seculares acerca de esto y me respondían que no creían en las iglesias, ni en los pastores ni en los curas, pero decían que si tenían contacto con Dios y que iban a la iglesia cuando querían pedir algo. Decir que alguien es espiritual es algo bien visto en la mayoría de los medios, sin embargo decir que alguien tiene mucha religión no es algo que atraiga muchos amigos en el presente.

Posmodernidad: Ser o no Ser y tu Contexto

En este libro hice muchas confesiones, te hago una más: uso el término posmodernidad (o posmo) para ubicarme en el promedio de lo que estamos viviendo en Hispanoamérica en estos años, pero no creo que decir posmodernidad signifique lo mismo en todos lados. Digo promedio porque hay comunidades como algunas ciudades de Estados Unidos que definitivamente a mi entender ya están graduándose de la posmodernidad hace rato y otras en especial en América Latina que apenas están entrando. Es cierto que con la globalización y sobre todo el efecto de los medios hoy todo occidente se parece bastante. Al viajar de un país al otro me doy cuenta como en especial la juventud cada vez se parece más en sus modas y en lo que creen que está de onda. Un misionero me decía hace poco en Ecuador que hoy los jóvenes de distintos países tienen más en común ente ellos aunque sean de distintas puntas de América que con su padres.

Ciertos eventos sociales, militares y económicos le dan a cada comunidad su propia identidad. Antes te decía de algunas ciudades que están saliendo y otras que recién están entrando. De las ciudades de Estados Unidos que están saliendo por ejemplo te puedo decir que el fracaso de la amenaza del virus Y2K (el del 31 de diciembre del 99), el cambio del milenio y el ataque a las torres gemelas fueron golpes que terminaron con varios presupuestos de la posmodernidad y están generando una nueva generación Norte Americana más militante, idealista y que vuelve a poner confianza en el progreso tecnológico.

Cada comunidad tiene su micro cultura y por eso más allá de discutir si estamos entrando o saliendo de la posmodernidad lo más importante es que cada líder identifique cómo ser relevante en su tiempo y su lugar. Tu contexto es siempre el más importante. Como indicamos hay ciertos cambios y tendencias que son bien generales y en mayor o menor medida se están dando en todos lados. Llamemos a eso "posmo" o cómo quieras pero miremos las posibilidades y desafíos que nos presenta este tiempo.

La Posmo También tiene Ventajas

En la década de los 80 un nuevo concepto se instaló en la nueva generación. Luke Skywalker, el personaje principal de la guerra de las galaxias, tenía que atacar una nave espacial del tamaño de la luna. Todo dependía de él. La nave era lo ultimo en tecnología y nada podía vencerla. La única posibilidad era llegar a través de un pequeño túnel hasta el centro y bombardear su punto débil. Pero era imposible llegar hasta allí a menos que algo especial te guiara. No había ningún sistema que lo pudiera hacer pero Luke tenía "la fuerza". Una energía interior que lo dirigía desde su propio ser. Luke llega hasta el centro, lo bombardea y la magnifica nave explota. Después de mucho tiempo era la primera vez que la pantalla grande estaba reclamando que había algo superior a la tecnología y podía estar adentro nuestro. La confianza en el progreso tecnológico y la búsqueda de argumentos absolutos que expliquen todo terminan por caer y comienza una nueva etapa en la historia humana. Como siempre, años después de que ya todo está sucediendo, la iglesia empieza a reaccionar y como en el caso de casi todos los filósofos la primer reacción es en contra. Por eso es muy probable que este sea el primer libro que leas que no habla tan negativamente de la posmodernidad. El clásico predicador Spurgeon decía que la iglesia llega siempre siete años tarde y ahora estamos empezando a ver cualidades positivas de este tiempo.

Es cierto que la posmodernidad ha invitado a millones a vivir de apariencias, de abandono al momento y de indiferencia a todo lo que requiera una actitud activa que conlleve el riesgo del dolor. Pero no todo es negativo. La posmodernidad ha dado nuevas fuerzas a la sospecha de que hace falta algo espiritual. Podemos verlo en los avisos de las revistas, en la proliferación de astrólogos televisivos, la incursión del pensamiento de la "Nueva era" en sectores elitistas como en Hollywood y la música. Claro que el tinte individualista es bien marcado y la búsqueda de satisfacción es la nota en boga de todas la ofertas, pero no podemos negar que la búsqueda de espiritualidad ha estado resurgiendo.

Si te sientas a hablar con adolescentes de la calle no vas a tardar en darte cuenta que lo que los aleja de las iglesias cristianas no es un descreimiento de Dios (ese fue un problema de la modernidad) sino una sospecha en la institución llamada iglesia y sobre todo una desconfianza respecto a los cristianos. Un joven que me crucé en un avión saliendo de Bogotá me dijo una frase que se me clavó como puñal: "ustedes los cristianos tienen suficiente religión como para saber lo que es correcto pero muy poca como para jugarse a hacer alguna diferencia." La modernidad nos había invitado a argumentar respecto de la verdad y entonces nos convertimos en *un pueblo de doctrina*. Tratamos por todos los medios de contrarrestar los argumentos que considerábamos peligrosos con otros argumentos. Piensa en el debate ciencia – Biblia por ejemplo. En cambio, la posmodernidad nos ha invitado a vivenciar la *experiencia* cristiana y eso nos abre una mayor puerta a ser *un pueblo de testimonio*. Con esto no quiero decir que debemos perder la doctrina. Cualquiera que me conoce sabe el celo que guardo por una sana doctrina bíblica y cuántos años me pasé estudiando para alcanzar un doctorado en teología. Mi más amado tesoro que no sean personas son mis libros y no me gusta quedarme en la superficialidad de ningún argumento doctrinal. Pero esta generación no está tan predispuesta a los argumentos y la teoría. Ellos quieren ver, palpar y sentir que lo que decimos funciona y no nos deberíamos sentir amenazados por eso.

Los jóvenes de hoy más y más solo van a creer en discursos que puedan ver en una vida. Por eso la evangelización de los próximos años dependerá del testimonio vivo más que de tener una doctrina personal bien armada o de conocerse una formula evangelística a la perfección. La experiencia con el Espíritu Santo que por años fue solo atribuida al pentecostalismo, hoy se sigue extendiendo por el resto de la iglesia y no tenemos que tener temor en decir que es mover de Dios y es también efecto de la posmodernidad. Si estás en el ministerio juvenil desde hace unos años te recordarás de ciertos predicadores que contaban (o escribían) acerca de fogosas discusiones que entablaban en ámbitos universitarios y salían airosos porque habían dado "evidencias" que exigían un veredicto de que la posición cristiana era la verdadera. Noticia: dejamos de escuchar esos ejemplos porque la posmodernidad nos ayudó a darnos cuenta que esas discusiones no cooperaban demasiado. Por un lado, los alumnos de universidades en ciudades dónde la posmo ya estaba avanzada dejaron de hacerse esas preguntas y perdieron interés en las respuestas. Pero lo más importante es que seguramente raramente conociste a alguien que verdaderamente se convirtió porque se dio cuenta que la versión cristiana de la creación es la verdadera o porque fue corroborado mediante el carbono catorce que cierta ciudad el antiguo testamento verdaderamente existió. La modernidad nos invitaba a ver todo en términos de absolutos que debían ser argumentados, en cambio la posmodernidad nos abre nuevamente la puerta al misterio de que la conversión (no lo de "aceptar" que ni siquiera es bíblico) es un milagro que ocurre mediante la acción del Espíritu Santo en una persona individual. Es el milagro que ocurre en el momento en que un individuo queda confrontado al testimonio de Cristo, el cual muchas veces es dado mediante el testimonio de otra persona.

El hecho de que los jóvenes que ministro quieran conocerme, ver que vivo lo que predico, no se conformen con una explicación argumentativa y quieran *sentir* algo especial es una ventaja. En realidad es una invitación a volver a vivir el evangelismo de la iglesia del primer siglo. Una vivencia cristiana de relaciones y de poder. Hechos 2:44-47 nos cuenta que mientras compartían todo en sus vidas se añadía gente a la iglesia cada día. Los tiempos que vivimos nos invitan a ser menos pulpito-céntricos y más relacionales. Si bien esto representa un desafío a aquellos líderes que se conformaron con tener un sólido conocimiento bíblico pero que nunca rindieron su carácter, sus decisiones y su personalidad a la acción del Espíritu Santo, creo que esta reacción cultural que estamos viviendo es una ventaja para la extensión del Reino de Cristo en la tierra.

Si miras con detenimiento los trueques que conversábamos al principio también te darás cuenta que hay varias características de este tiempo que son simplemente neutras en términos morales pero representan una oportunidad de mejoras para la iglesia. Piensa por ejemplo en el trueque de educados a especialistas y las connotaciones prácticas que eso tiene para el desarrollo de los individuos y la maximización de las posibilidades de tu congregación. Piensa, por ejemplo, en la tecnología que nos rodea y visualiza cómo puede ser una avenida para facilitar nuestra tarea.

Entrar en contacto con la cultura que queremos invadir es usar todas esas cosas, códigos y tendencias que son parte de la vida diaria de nuestros contextos con el objetivo claro de acompañar a los jóvenes a la madurez integral y responder a sus preguntas y no a las de una generación anterior.

para uso personal o equipo de trabajo

1. ¿Por qué hace falta reflexionar y describir la cultura para desarrollar un ministerio juvenil más efectivo?

2. Define en pocas palabras algunas características centrales de lo que normalmente se conoce como posmodernidad.

3. ¿Cómo afectan las tendencias culturales de hoy a tu barrio o comunidad?

4. ¿Cuáles de los trueques mencionados te parece más evidente entre los jóvenes que ministras?

5. ¿Cuáles son las oportunidades y ventajas que presenta este nuevo tiempo?

www.especialidadesjuveniles.com

Capítulo 13

La Revolución que Avanza

"Pequeñas cosas hechas con gran
amor cambiarán al mundo"
Anónimo

No se como fue que llegaste al ministerio juvenil. Las razones pueden haber sido claras o confusas pero no fue un error del cielo. Por algo Dios te colocó en esta posición estratégica y por algo también está este libro en tus manos. Hay una palabra que no me canso de repetir en relación al ministerio juvenil y es P O T E N C I A L.

No importa si eres un veterano o si recién estás empezando. Los líderes juveniles tenemos la oportunidad de afectar la Iglesia quizás como ningún otro grupo ministerial. Durante la adolescencia además de sumar nuevos conocimientos los seres humanos confirman o niegan lo valores aprendidos durante la niñez. Por eso la juventud es el momento justo en que un o una líder puede alterar el curso de la vida de una persona y por ende de su futura familia. Mi anhelo cuando estoy con líderes juveniles es asegurarme que sean conscientes de los talentos que han sido puestos en sus manos por el diseñador de la vida.

Este libro fue escrito pensando en darte ideas y herramientas para tu propio ministerio. Pero no podemos dejar de hacer una reflexión para la Iglesia como cuerpo. El ministerio juvenil debe ser inteligentemente abrazado por la Iglesia entera. No solo porque representa una oportunidad inigualable de crecimiento, impacto y expansión sino porque es una fiel respuesta al llamado de Dios a alcanzar a cada generación.

Se hace obvio que Iglesia debe hacer algunos ajustes respecto a cómo se trató la problemática del ministerio juvenil hasta ahora y cuál es el tipo y volumen de capacitación que los líderes juveniles reciben. Quizás lo primero que debe ocurrir para que la iglesia se movilice a un nuevo nivel de efectividad es hacerse conciente de las posibilidades, oportunidades y exigencias del ministerio juvenil. Debe ocurrir una concientización, un proceso de acción a través del cual los creyentes despertemos a la realidad de nuestra situación socio cultural, y avancemos más allá de las limitaciones y alineaciones a las que estuvimos sujetos hasta ahora. No simplemente una nueva teoría sino un nuevo accionar. Un ejemplo: Sería muy raro escuchar a pastores que digan que el ministerio juvenil no es importante. Sin embargo al hacer una investigación cabal es fácil notar que muchas iglesias que podrían no tienen presupuestos para el ministerio juvenil, no le compran materiales a los líderes, ni se les ocurre invertir en el entrenamiento de sus líderes pagándoles convenciones o seminarios de capacitación.

Si trabajar con la juventud es vital para la iglesia, todos deberíamos estar separando de nuestro dinero, tiempo y recursos varios para invertir en el liderazgo juvenil. En el nivel de la praxis debemos reconsiderar nuestras prioridades y hacer los ajustes administrativos apropiados. Es cierto que hoy la mayoría de nuestras ciudades son tierra de urgencias, pero lo importante no debe perder su lugar y la iglesia debe colocar al ministerio juvenil como una de sus prioridades si queremos seguir en sano y más activo crecimiento en las próximas décadas.

Al leer lo anterior quizás pienses: *"Bueno yo soy el o la líder juvenil y no se cómo hacer consciente de esto al resto de mi congregación. Si hago un reclamo pensarán que solo estoy velando por mis intereses."* Supongamos que tienes la posibilidad de hablar con todo el cuerpo de ancianos o toda la mesa de gobierno de tu congregación. Estas son algunas palabras que se podrían usar ante esa oportunidad: -*"Queridos, eméritos, escogidos, ungidos, sacerdotes del Dios más alto"* – eem, bueno quizás eso no te hace falta – *"Los adolescentes pueden ser un contenedor de contradicciones, increíblemente honestos o cabezas duras y a veces asombrosamente inmaduros en su toma de decisiones. Pero ellos son la generación dirigente de las próximas décadas y el pulmón de las iglesias florecientes de hoy. Los jóvenes son el legado que una iglesia local le deja a su barrio y también a su nación, y por su desarrollo algún día le vamos a responder a Dios si fuimos o no buenos mayordomos de sus crisis y potenciales. Por eso es que debemos invertir seriamente en tener un ministerio juvenil efectivo."*

Hay una frase muy simple pero poderosa que no debemos olvidar: *"necesito ayuda."* Muchos líderes tienen terror de pedir ayuda porque sienten que si son líderes tienen la obligación de arreglarse solos, ¡pero eso es un error!

Como hablamos en el capítulo 5, nosotros debemos comunicar y promover la visión al resto de la iglesia. Tenemos en nuestras manos el increíble potencial de una generación que marcará el curso de la historia humana. Por ello la congregación debería invertir dinero, tiempo y recursos diversos para que sus líderes se capaciten. Si, ya se que quizás estás pensando en tu pastor y sientas como la mayoría de líderes que conozco que hace rato que no te dan una sincera muestra de apoyo. Muchos pastores no preparados no quieren tener líderes preparados por sentirse amenazados, pero esto debe cambiar: La iglesia local crece cuando tiene líderes juveniles con las condiciones dadas para hacer un trabajo de excelencia.

La iglesia local crece cuando tiene líderes juveniles con las condiciones dadas para hacer un trabajo de excelencia.

Muchas iglesias locales ya están en condiciones de pensar en contratar al menos a medio tiempo a un pastor o pastora de jóvenes y quizás tienes la gracia de ser parte de una aunque se que hay bastantes más posibilidades de que ese no sea tu caso. Pero casi todas, por poco que fuera, deberían separar un presupuesto para invertir en el evangelismo y el discipulado de jóvenes.

Una pregunta que las iglesias locales se deberían estar haciendo al momento de clarificar su visión o planes para un período es: ¿Hasta qué punto están dispuestas a animar a sus ministerios juveniles a producir cambios y usar métodos que hagan tambalear la zona de comodidad de sus congregaciones?.

Mantener No es Construir

Edificar un ministerio juvenil en crecimiento no es lo mismo que mantener un grupo de amigos jóvenes cristianos. Mantener un grupo y construir un ministerio están en las puntas opuestas de la recta ministerial. Me acuerdo cuando por primera vez corregí el lenguaje en nuestra congregación y empecé a pedirle a los líderes del equipo no llamar más a nuestro grupo: "grupo". Esa es una palabra cerrada, les expliqué. Piensen en la joven que viene por primera vez y escucha hablar del grupo de jóvenes de la iglesia. Ella no es parte. Si usamos la palabra ministerio, aunque de primer impresión no la entienda, sabe que esto es para ella. Dejar de llamar al grupo "grupo", nos ayudó a tener una mayor mentalidad de misión y darnos cuenta que Dios no nos llamaba a tener un grupo sino un ministerio a la juventud.

> Edificar un ministerio juvenil en crecimiento no es lo mismo que mantener un grupo de amigos jóvenes cristianos.

Pero más allá del lenguaje, la ausencia de las 6 claves es el gran síntoma para diferenciar iglesias orientadas a mantener un grupo de jóvenes e iglesias orientadas a construir un ministerio a la nueva generación. Como dijimos al principio de este libro, no es que los elementos no estén presentes pero su presencia y conexión es borrosa para la mayoría de los participantes. La siguiente tabla marca alguna de las diferencias entre mantener un grupo de jóvenes y edificar un ministerio juvenil efectivo:

> Darnos cuenta que Dios no nos llamaba a tener un grupo sino un ministerio a la juventud.

Manteniendo un Grupo de Jóvenes	Construyendo un Ministerio Juvenil
Motivados por la actividad	Motivados por propósitos
Ocupados en solo un área	Ministerio integral
Líderes que se autoabastecen	Se satisfacen las necesidades esenciales de los adolescentes
Foco introvertido – contentos con una elite	Foco extrovertido - compasivos con los perdidos
Crecimiento mínimo o cíclico	Crecimiento consistente
Canciones y juegos sin propósito	Adoración y actividades divertidas y atractivas con un fin.
Mantener las tradiciones	Se pregunta ¿Por qué? y ¿Está trabajando?
Ocupado en la propia agenda	Enfocado en el trabajo del Reino

Todos los elementos de este contraste están discutidos en alguna parte de este libro. Pero a veces es más fácil definir lo que debemos ser por lo que no debemos ser. En este caso, al construir un ministerio juvenil las iglesias locales dejan de ser:

- **Un freezer**: no debemos pensar que nuestra tarea es meramente "mantener" a los jóvenes para que no se echen a perder. Nuestra tarea es equipar a una generación para ser sal y luz de la tierra (Mateo 5:13-14).

- **Un circo**: no estamos para entretenerlos sanamente. La diversión es un excelente medio pero al hablar de la actualización de los métodos y la programación atractiva no quiero decir que debemos trabajar para que los chicos estén contentos y crean que sus líderes son muy populares. La iglesia debe equipar a líderes efectivos que trabajan en la transformación de esta generación a la imagen de Cristo.

> Los jóvenes no son vasos que se llenan sino fuegos que se encienden.

- **Un convento**: dónde construyamos una realidad tan alternativa que nuestros chicos no sepan dialogar misericordiosamente con sus pares no cristianos y no sepan dar respuestas entendibles acerca de su fe. Las iglesias locales deben ser estaciones de servicio dónde los líderes nutren a sus jóvenes con los valores del evangelio para ir a dialogar con su cultura y mostrarle el camino de Dios.

- **Una escuela**: no estamos para simplemente llenarlos de información bíblica. Nuestra tarea no es tanto informativa como formativa. Recuerda los jóvenes no son vasos que se llenan sino fuegos que se encienden.

La Actualización de los Métodos

La posmodernidad descalificó muchos métodos que en la modernidad eran efectivos. Hace unos años Malco Petterson decía: *"Es hora de dejar los métodos de los cincuenta en el museo y movilizar a nuestros adolescentes para servir en los noventa."* [39] Ahora ya estamos del otro lado del año dos mil. El cambio de milenio acrecienta la necesidad de preguntarnos: ¿Por qué hacemos lo que hacemos? ¿Funciona? Si estamos de acuerdo en que las tendencias sociales progresan y varían y que la problemática adolescente de nuestro tiempo y espacio es particular tendremos que estar de acuerdo en afirmar que nuestros métodos deben ser revisados, al punto de adquirir verdadero contacto con la realidad de nuestro contexto. La planeación de las actividades debe prever la utilización de recursos propios de nuestro tiempo. Si admitimos que la sociedad esta mediatizada y reconocemos que el noventa por ciento del tiempo los adolescentes están en contacto con la música de las "FM" no podemos tardar en darnos cuenta que nuestro programa debería considerar qué tiene la radio que podemos traer a nuestras actividades. La discusión de películas de video, la dis-

---

39   (Patterson 1994:23)

tribución de video clips con mensajes cristianos, la concurrencia u organización de conciertos, el uso de tecnología, paginas Web y demás actividades deben planearse activamente como parte de la estrategia "espiritual" de la Iglesia. Los ejemplos de componentes audiovisuales son muchos pero lo cierto es que para los adolescentes que no fueron criados en la iglesia el sistema "reunión de predicación" es una píldora muy difícil de tragar.

Pluralismo, globalización, posmodernidad, nuevo milenio, revolución, variedad, son todos conceptos y realidades que nos reclaman un esfuerzo mayor a la hora de establecer nuestros métodos y por eso los líderes que trabajan con esta cultura emergente tienen que estar bien empapados de reflexión en este sentido.

La siguiente es una lista de preguntas que se hacen los líderes que no quieren dejar que las nubes de estancamiento nublen su visión y sus estrategias:

- ¿Hasta qué punto mi metodología de trabajo es el resultado de mi contexto socioeconómico y mi tradición religiosa?

- ¿Hasta qué punto estoy dispuesto a leer, aprender y cambiar para llevar a cabo un ministerio juvenil cada vez más efectivo?

- ¿Qué puedo hacer para entender mejor a mis adolescentes?

- ¿Cómo puedo ajustar mejor mi ministerio a los propósitos básicos del ministerio juvenil?

- ¿Está mi diagrama de variables ordenado últimamente?

- ¿Hay algún grupo o alguna edad que está siendo descuidada o necesita un liderazgo distinto?

- ¿Qué características del liderazgo efectivo están más flojas en mi vida y cómo puedo seguir creciendo en ellas?

- ¿En qué andan mis jóvenes y los que quiero alcanzar ahora?

Si como ministros juveniles nos mantenemos respondiendo a estas preguntas con humildad y poniendo a la práctica los cambios necesarios que fluyan de sus respuestas con audacia, será más fácil seguir avanzando.

La Belleza de un Cristianismo Relevante

Hace unos años le escuché decir a John Stott: *"cada cristiano necesita dos conversiones: una desde el mundo a Cristo y otra de nuevo al mundo pero con Cristo."* Me quedé pensando...

Meses atrás hablaba con un grupo de líderes juveniles de una ciudad capital que cuando les dije que mi pretensión era reflexionar acerca de cómo establecer un ministerio juvenil posmoderno se les cayó la mandíbula. Me miraron con sopor y me hicieron recordar una historia de mi niñez. Cuando era chico mi mamá me leía muchos cuentos. Una noche me leyó una historia que incluía la palabra "terrícola" la cuál me llamó mucho la atención y enseguida me la aprendí. Al día siguiente estaba jugando con uno de mis amiguitos cuando me acordé de la palabra y le dije – *tu eres un terrícola-* Mi amigo me miró y me dijo que yo era un estúpido. Yo me reí dándome cuenta que él no sabía lo que significaba la palabra y le repetí: *tu eres un terrícola, puedes preguntarle a tu mamá-* Él me miro todavía más enojado y me dijo una mala palabra que es muy común en mi país. Ahí me enojé yo y fui a buscar a su mamá para que le diga que él si era un terrícola. Le dije: *señora, ¿Cierto que Fernando es un terrícola?* Sin saber lo que ocurría la madre se rió y mirándolo dijo - *si claro.* Mi amiguito se puso a llorar. Lo mismo estaban haciendo estos líderes. Nos guste o no nos guste la palabra, este es el tiempo que nos toca vivir. Por diseño de Dios vivimos en esta etapa de la historia humana y es a estas generaciones que nuestros ministerios juveniles están enfocados. Los efectos malos de nuestras cultura debemos resistirlos con perspicacia espiritual, los efectos buenos debemos aprovecharlos y los códigos de esta generación es lo que debemos usar para dialogar con ellos. El conocido filósofo Voltaire solía decir: *"Si quieren comunicarse conmigo tienen que entender mi idioma."*[40]

La historia del pesebre y la cruz es la historia más apasionante de la raza humana. Es la historia de Dios haciéndose hombre para hacerse relevante a una humanidad que lo necesita. Con solo mirar las parábolas nos damos cuenta que Jesús usó toda especie de códigos para resaltar su verdad. Pablo hasta usó el altar a un dios de un pueblo pagano para atraer la atención de una comunidad a Cristo (Hechos 17:22-24). Tu misión y la mía es la de levantar una generación de seguidores de Jesús que deje atrás la mentalidad de "pueblo muy feliz escapando del cochino mundo" y entiendan que todo lo que son y hagan debe ser sacrificado para traer la luz del Reino de Dios a la tierra. Una luz que no puede seguir abajo del almud.

Suma de Proyectos

El mundo entero se sigue moviendo hacia una sociedad pluralista a la vez que integrada. La llamada globalización o "la gran aldea" tiende a disminuir las defensas ideológicas y acerca a las partes. Cómo ya vimos, así está ocurriendo con la iglesia. La arista eclesiástica de esta realidad dentro de los evangélicos se inició con la aparición de movimientos, pastores itinerantes, evangelistas masivos, para-eclesiásticas sin representatividad denominacional y medios de comunicación cristianos. Los jóvenes criados en este clima histórico no tienen ningún interés en las diferencias denominacionales. Son ellos los depositarios de la esperanza tan añorada de una Iglesia unida. La integración de proyectos comparte recursos humanos, económicos, edilicios y estratégicos. Si una iglesia tiene a diez adolescentes y otra a dos cuadras tiene otros diez, ambos grupos deben entrar en contacto. Claro que cada iglesia no tiene por qué perder su perfil. Pero si quiere decir que para que los adolescentes de

---

40   Citado por Leonard Sweet en Aquachurch. Pagina 167.

cada barrio sean alcanzados más efectivamente con el mensaje transformador de Cristo es necesario que muchos grupos juveniles decidan trabajar de manera conjunta. Más y más se va a escuchar de redes de trabajo juvenil que están avanzando por todo el continente. Líderes juveniles que se dediquen de una vez por toda acercarse al resto de los líderes juveniles de las iglesias de su zona o ciudad para planear actividades conjuntas y hacer un mejor uso de sus recursos. Es increíble el entusiasmo que generan estos ministerios juveniles que deciden pensar fuera de la caja y empiezan a entrelazar energías para avanzar sobre una comunidad.

También hace falta que se sumen otro componentes de la Iglesia como seminarios y organizaciones que tienen algún nivel de profesionalidad en ciertos asuntos. Me gusta llamarlos movimientos pro-eclesiásticos conformados por iglesia locales, seminarios, oficinas denominacionales y para-eclesiásticas que aprenden a sinergizar fuerzas para levantar una ola que sacuda la sociedad en la dirección de Dios.[41]

Sobre Toda Cosa Guardada

Una poderosa revolución en cómo se entiende y cómo se llevan a cabo los ministerios juveniles está empezando en todo Hispanoamérica. Pero como en el caso de todos los avivamientos, será la suma de decisiones personales lo que produzca el resultado final del impacto. Por eso es indispensable mantener fresco tu corazón. Cuidar tu conexión íntima con Dios de una manera constante es más importante que cualquier idea, programa, libro o seminario de ministerio juvenil al que puedas ir. En Juan 15 Jesús nos dijo: *"Permanezcan en mi y llevarán mucho fruto; separados de mi nada pueden hacer."* Sería para mi un fracaso que al terminar esta conversación te quedes con una filosofía ministerial bien armada y un interesante par de ideas pero tu ministerio siga dependiendo de un par de nuevos trucos y una explicación sustanciosa de por qué haces lo que haces, pero sin ser un canal de contagio de verdadera espiritualidad. Es imposible dar lo que no tenemos y contagiar una enfermedad que no portamos. Si queremos que verdaderamente la juventud que tenemos a la mano entienda el plan de Dios y ma-

> Una poderosa revolución en cómo se entiende y cómo se llevan a cabo los ministerios juveniles está empezando en todo Hispanoamérica. Pero como en el caso de todos los avivamientos, será la suma de decisiones personales lo que produzca el resultado final del impacto.

> Es imposible dar lo que no tenemos y contagiar una enfermedad que no portamos.

---

41   Ejemplos de esto ultimo han sido la campaña "El Verdadero Amor Espera" que se ha realizado exitosamente en diversos países o "No más Violencia" que se hace en las canchas de fútbol de la Argentina.

dure integralmente incluyendo un apasionante crecimiento espiritual, nosotros debemos movernos en la misma dirección que queremos que ellos vayan.

Nuestro compromiso de mantenernos frescos espiritualmente será la suma de constantes decisiones en la dirección correcta. Ese compromiso es indispensable para alcanzar la meta de la maratón del ministerio juvenil.

Personalmente me encantan las preguntas. Sirven para evaluar, para abrir y para iluminar. Por eso ahora van algunas de orden más privado. Te propongo una lista de ciertas preguntas que aprendí a hacerme cada tanto:

- Cuando mis jóvenes me miran, ¿Están aprendiendo a amar a Dios con todo su corazón, alma, mente y cuerpos?
- ¿Me ven confiando en Dios para guía y sabiduría en cómo manejo mis responsabilidades, administro mis posesiones y demás?
- ¿Notan que me vuelvo a Dios cuando tengo ansiedad, problemas, o enfermedad?
- ¿Notan mi compromiso con Cristo pasando tiempo en lectura y estudio de la Biblia?
- ¿Saben que la oración es parte importante de mi vida?
- ¿Están aprendiendo lo que significa cargar con la cruz y vivir una vida cristiana como discípulos?
- ¿Ven que Dios es central en mis pensamientos y acciones constantemente o solamente los domingos por la mañana?
- ¿Notan que me intereso por la familia, los amigos y los " leprosos y extranjeros" de este mundo?
- ¿Están aprendiendo a ser compasivos y centrados en Cristo en lugar de insensibles y egocéntricos?
- ¿Están aprendiendo a no hablar por detrás de la gente?
- ¿Qué tipo de madurez estoy modelando últimamente?

Tu puedes agregar las tuyas.

¿Qué hago ahora? ¿Por dónde empiezo? ¿Cuál es el siguiente paso?

Tal vez hayas sentido que te pesaban los hombros al leer este manual. Por mi parte traté de mantener este tono conversacional para que el contenido te sea lo más ameno posible. Pero hay tantos elementos, tanto por hacer y tanto por mejorar que no podemos quedarnos en la superficialidad. El ministerio juvenil es un desafío grande y muchos bajan los brazos demasiado rápido. Algunos lo hacen porque tienen expectativas equivocadas. Creen que ser ministro a la juventud se trata de ser popular, quedar bien con el pastor o escalar ministerialmente y cuando se encuentran con adolescentes que responden con monosílabos y se meten en problemas reales, o no encuentran demasiado apoyo de otros adultos, se desesperan.

Tu futuro es sólido si descansa en el carácter de Dios. Si llegaste hasta acá es por que ya tienes una buena idea de los elementos variables y la claves a poner en práctica para un ministerio efectivo. Ahora déjame decirte algo de nuevo: "siempre hace falta un proceso" y para poder llevar ese proceso a buen término hace falta paciencia y templanza.

Michael Jordan le dijo cierta vez a las cámaras:

> He tirado afuera más de 9000 tiros. He perdido más de 300 partidos y en 26 oportunidades el equipo me dio la pelota para hacer la última anotación y la perdí. Pero a pesar de todo eso he seguido intentando y es por eso que soy exitoso.

Nada importante se hace de repente y peor que muchos fracasos son pocos intentos. Inevitablemente vas a pasar por dificultades y conflictos pero la misión se merece el sacrificio. Elige bien tus batallas. No pelees por cosas intrascendentes aunque si confronta los desafíos con entereza. Un pastor muy sabio me dijo una vez: *"Lucas, si quieres ser verdaderamente efectivo tienes que elegir con quien vas a fracasar. Si siempre tratas de agradar a todo el mundo, nunca vas a hacer nada excelente."* Siempre es mejor fracasar ante los hombres que no cumplir con la misión para la que nos contrató Dios.

> Nada importante se hace de repente y peor que muchos fracasos son pocos intentos.

Evalúa con detenimiento el diagrama que estuvimos analizando y empieza a poner los elementos en su lugar.

Pon a los jóvenes en el núcleo sabiendo que eso tiene el precio de que lo que hagas tiene que ser certeramente para ellos y no para agradar ni quedar bien con otras personas ni tradiciones.

Clarifica los propósitos. Si no tienen una declaración de misión o slogan de propósito empieza a trabajar uno. Suma a otros a la aventura: recuerda que los líderes efectivos trabajan en equipo. El ministerio juvenil es un trabajo del cuerpo y no el de una celebridad.

Deja brincar a tu imaginación y espera los tiempos para hacer los cambios necesarios al programa.

Pasa más tiempo junto a tus jóvenes. Enséñales a relacionarse. Ordena activamente cómo integrar a nuevos miembros o a esos que ya están ahí pero todavía no se sienten parte. Acércate a los que quieres conquistar y dales testimonio de cómo es para ti caminar con Jesús.

No te compares con nadie que no seas tu. Hay diversos estilos de liderazgo y tu desafío es perfeccionar el tuyo a la vez que aprendes a usar otros según las circunstancias. Revisa las características de los líderes sobresalientes y traza un plan de acción para seguir añadiendo esas características a tu vida.

No pierdas de vista la localización estratégica donde te puso Dios. Conecta todo lo que vayas a decir y hacer a los que es relevante en este tiempo en tu contexto.

En los cielos hay gran expectativa respecto a lo que vas a hacer con tu ministerio. Los ángeles casi se caen de las nubes por ver que va a hacer la Iglesia del nuevo milenio. Jesús de Nazaret, gobernante absoluto del universo, está en el trono atento a cómo la Iglesia va a afectar a las nuevas generaciones. Otros pensaran que lo verdaderamente importante ocurre lejos de donde tu estás. Pero el cielo sabe que tu decisión de tener un ministerio juvenil efectivo es vital.

Que el Dios de gracia, gozo y sabiduría te inunde con creatividad, confianza y valentía.

Al que puede hacer muchísimo más que todo lo que podamos imaginarnos o pedir...
¡A él sea la gloria en la Iglesia... por todas las generaciones!

Efesios 3: 20-21

para uso personal o equipo de trabajo

1. ¿A dónde te gustaría que lleguen tus jóvenes?

2. ¿Cuál es la inversión real de tu congregación respecto al ministerio juvenil en términos materiales, físicos y espirituales?

3. ¿Cómo se puede ayudar a una congregación a ganar conciencia con respecto al potencial del ministerio juvenil?

4. ¿Cuánto afecta la vida espiritual de los líderes el genuino crecimiento del ministerio?

5. ¿Cuál es la diferencia entre mantener y construir? ¿En qué modo se encuentra tu ministerio?

6. ¿Cómo accionar un proceso inteligente de cambio? Elabora una lista de pasos a tomar.

www.especialidadesjuveniles.com

Apéndice I
Teología y Ministerio Juvenil

Los capitanes de los barcos de la antigüedad se ataban la brújula a su cuerpo cuando estaban en medio de una tormenta. De igual manera los líderes juveniles deben atarse la Biblia a sus vidas para poder encontrar el camino de la voluntad de Dios y guiar a esta generación a puerto seguro. El conocido pensador y escritor peruano Samuel Escobar escribió hace años:

"Las iglesias evangélicas son en primer lugar una realidad teológica. Se conciben a si mismas como expresiones del pueblo de Dios en la tierra y se definen de acuerdo a términos bíblicos como cuerpo de Cristo, familia de Dios, real sacerdocio, pueblo adquirido."[42]

Hay ciertas verdades y doctrinas que deben ser internalizadas por cada miembro de la Iglesia y no hay mejor ocasión para que ocurra este proceso que la juventud. Por eso es que más allá de los programas de neón, las relaciones de amistad y las tácticas de liderazgo, no se pueden descuidar las doctrinas básicas de nuestra fe. A veces me asusta ver jóvenes que conocen todos los discos de alabanza y adoración habidos y por haber, ponen la mejor cara te telenovela cuando cantan pero no pueden explicar coherentemente su fe. En los capítulos anteriores conversábamos de las tendencias de la posmodernidad y los inconvenientes de la metodología argumentativa (apologética). Pero obviamente no podemos irnos al extremo de ser solamente experimentales y no bíblicos. Definir las maneras de alcanzar a los adolescentes y entrenar líderes para un ministerio efectivo requiere hacer un abordaje teológico también.

"El ministerio juvenil se convierte en experimentalmente más significante, espiritualmente más vibrante, y relacionalmente efectivo cuando los líderes se comprometen con la construcción de una disciplinada estructura teológica para hacer ministerio juvenil."[43]

¿Quién es Dios? y ¿Cuáles son sus intenciones? Son preguntas que dan origen a la teología judeocristiana y también a los fundamentos teológicos del ministerio juvenil. Entre las muchas cosas que la Biblia resalta acerca de la personalidad de Dios quizás la más concisa es la más clara: "Dios es amor" (1 Juan 4:8) y ese amor, en lo que a nosotros nos concierne, alcanzó su clímax en el sacrificio de Cristo en la cruz (Juan. 3:16). ¿Por qué murió Cristo? Porque quiere salvar de la paga del pegado (Romanos 6:23 - 2 Pedro 3:9). Parece innecesario mencionar estos principios cómo apéndice de este libro pero lo cierto es que en un tiempo donde el entretenimiento es la industria más rentable del planeta y los lideres juveniles empiezan a sentir cada vez más fuerte la presión de la multiplicación numérica, hace falta insistir en lo

---

42 (Escobar 1977:44)

43 (Dunn 1997:65)

central del evangelio.

Cada ministerio de adolescentes debería transmitir claramente las respuestas a las primeras dos preguntas pero no podemos conformarnos con eso.

Una Estructura Teológica Básica

Siguiendo lo escrito por Richard R. Dunn en "Reaching a Generation for Christ" (Alcanzando una generación para Cristo) aquí viene una lista de los elementos principales de nuestra doctrina que deben ser comunicados claramente a cada generación:

1. Dios

Empezamos bien simple. Lo primero que Dios revela en su escritura es a Él mismo. Pronombres personales, antropomorfismos y su carácter revelado en su trato con los seres humanos nos exponen a Dios mismo expresado en las tres personas de su trinidad. Es vital escuchar lo que Dios tiene que decir de sí mismo, por eso los atributos de cada persona de la trinidad deben de constituir fundamentos teológicos fundamentales de nuestros ministerios. Una idea interesante para seguir como programa de enseñanza son los nombres de Dios y sus significados.

2. Escritura

La Biblia es una invitación a conocer a Dios y su voluntad. Ella misma dice "Así que la fe es por el oír, y el oír, por la palabra de Dios" (Romanos 10:8). Hay algo milagroso al comunicar las escrituras bajo la unción del Espíritu Santo. La importancia de la Biblia debe ser reconocida y enseñada a cada generación. Una de las mejores formas de hacerlo con una generación que prefiere las relaciones y prefiere lo experimental es enfocarse en el uso de las historias. Es muy probable que cuando Jesús escogió comunicarse con parábolas lo hizo para darle mayor atemporalidad a sus verdades y hacerlas relevantes a distintas culturas en distintas épocas. nuestra misión como líderes juveniles es lograr mostrar que las escrituras atractivas y relevantes para la vida cotidiana.

3. Humanidad

Una sana antropología bíblica debería ser otro de los bloques donde apoyáramos nuestros ministerios. Muchas veces los cristianos estamos tan enfocados en lo que la gente debería hacer que prestamos muy poca atención a qué es lo que la gente está haciendo y por qué dicen que lo hacen. "Los buenos antropólogos tratan de descubrir qué ya está ahí antes de teorizar acerca de lo que la gente debería hacer" No digo que debiéramos convertirnos en "antropólogos" en todo el sentido de la palabra pero si podemos aprender a definir según la Biblia y lo que vemos en nuestras comunidades cuál es la condición del ser humano y cuales sus necesidades. No solo una buena antropología es un buen fundamento sino que la investigación necesaria puede volverse muy emocionante para cualquier grupo de adolescentes si se establecen métodos creativos de recaudar información y se les deja reflexionar libremente al respecto. ¿Qué ya dijo Dios acerca de la condición del hombre y la mujer? Es una pregunta muy importante en medio de una sociedad (y varios predicadores) que solo buscan dorar la píldora de los clientes.

4. Pecado

De cada punto se va desprendiendo el siguiente y en este caso el pecado es parte de la respuesta a la última pregunta. Con el auge del pensamiento de la "Nueva era" o el ya mencionado individualismo y relativismo reinantes en la posmodernidad, las definiciones del pecado no pueden estar ausentes. A veces a los adolescentes se les habla mucho de los pecados pero poco del pecado como realidad esencial. También, al hacer claros cuales son los pecados a los que está expuesta la juventud hay que tener cuidado de ser bíblicos y de no tildar de pecado cosas que simplemente no son atractivas a nuestra cultura. Otro de los condimentos es no caer en condenar sin ofrecer salida. Siempre debemos ser sensibles a la condición actual en que se encuentran y enfocarnos en la restauración.

5. Redención

¿Cómo librarse del dominio del pecado? La nueva identidad en Cristo debe ser substanciosamente explicada. ¿Cuales son los alcances de la salvación? ¿Cuales sus consecuencias inmediatas y mediatas? Es mi experiencia charlar con chicos y chicas nacidos en el seno de la iglesia que llegan a la adolescencia sin una idea clara acerca de la salvación. Me gusta la descripción del nuevo evangelismo que hace el profesor Charles Van Engen en su libro "Misión on the Way" (La Misión en Camino). En él dice que "la evangelización debe ser fe-particularista, culturalmente-pluralista y eclesiológicamente-inclusivista." La declaración: "Jesucristo es el Señor" no tiene competencia y por eso nuestro evangelismo no se parece al mensaje de ninguna otra religión, somos particulares. A la vez hay muchas maneras y formas de disfrutar de las consecuencias de la redención y de expresar esa fe, por eso debemos ser culturalmente pluralistas. Por ultimo, es un interés en el crecimiento del reino de Dios en la tierra lo que debe determinar nuestra práctica evangélica y por eso debemos siempre recordar que las iglesias locales existen para segur incluyendo gente a la Iglesia de Cristo.

6. Comunidad de Fe

¿Qué es la iglesia? ¿Cuál es su misión? Stott también decía: "La Biblia entera es rica en evidencia del propósito misionero de Dios" y ya fueron discutidos los propósitos del ministerio juvenil en el área espiritual (ver capítulos 4 y 5). Sin conocer la verdadera naturaleza de la Iglesia es imposible vivirla según su diseño divino. El ministerio juvenil que no tenga un basamento eclesiológico sólido carecerá de objetivos trascendentes y cultivará una generación desorientada que terminará produciendo una Iglesia desorientada.

7. Espíritu Santo

¿Quién es el Espíritu Santo? ¿Cuál es su función? ¿Cómo vivir en el Espíritu? Es imposible vivir la vida cristiana sin el poder del Espíritu Santo. El fruto del Espíritu (Gálatas 5:22-25) es la señal del verdadero cristianismo y sin su guía y ayuda es imposible cumplir con los propósitos para la Iglesia. Sin una doctrina sólida respecto del Espíritu Santo, la Iglesia se tambalea entre el extremo de entender al Espíritu como una energía mística que poseen solo algunos con dones espectaculares, y el extremo de verlo como un sello sin ninguna connotación práctica.

Pero estas siete cuestiones no pueden quedarse en conocimientos quietos o imprácticos. Dos tipos de aplicación deben de acompañarlas:

A. Aplicaciones Personales: ¿Qué significa cada uno de los puntos anteriores para la vida de los líderes (qué significa para ti) y para la vida de los jóvenes?

B. Aplicaciones Ministeriales: ¿Cómo se encarna cada uno de los puntos en la vida del ministerio que formamos parte?

La teología personal de los líderes o pastores de jóvenes y adolescentes tendrá un fuerte efecto. En todo lo que enseñamos y todo lo que hacemos estamos comunicando nuestra teología. Por eso ideas claras en estos siete puntos evitarán sumar más confusión a una generación que ya recibe demasiados mensajes contradictorios. Un liderazgo verdaderamente efectivo tiene y transmite sabiamente una teología sana y armónica.

Apéndice II
Cómo Comunicar Verdades con Eficacia

Si bien las relaciones son la misma naturaleza del ministerio juvenil, la comunicación oral del evangelio siempre tiene un lugar principal. Estoy hablando ni más ni menos que de la predicación aunque prefiero no conformarme con esa palabra. ¿Por qué? Porque la palabra "predicación" quedó de alguna manera atrapada en nuestra psiquis como algo que se hace desde un púlpito con un lenguaje religioso y para la mayoría del los jóvenes, en especial los de afuera, es algo aburrido y hasta amenazante.

Hace unos años estaba tratando de convencer a mi amigo Andrés de que hablara en un campamento pero él me insistía que él no podía predicar, qué no sabía como hacerlo y que era demasiado para él. Mientras el me hablaba me acordé que se acababa de comprar un nuevo Chevrolet usado año '78 y todavía no me lo había mostrado. Le pedí que fuéramos a verlo. Su cara se llenó de emoción y casi fuimos corriendo. Cuando llegamos al garage, Andrés abrió las puertas, prendió el motor y me empezó a contar con elocuencia cada detalle de la maquina. Que el motor era original y el modelo de ese año era el mejor porque... que el tapizado lo habían mantenido en perfectas condiciones porque... que las marcas en las pinturas la iba arreglar con su amigo que tenia un taller, y no se cuantos detalles más. Mientras él me hablaba con tanto entusiasmo me di cuenta que Andrés me estaba "predicando" con eficacia. Tenía un tema que lo apasionaba, era un perfecto conocedor teórico y testimonial de lo que estaba diciendo y tenía el objetivo claro de convertirme a la familia Chevrolet. Inmediatamente se lo hice notar. Se quedó pensando. Hablar de algo que lo entusiasmaba era algo que si podía hacer pero "predicar" no. ¿Por qué? Porque la palabra y la idea equivocada que tenia de ella lo asustaba.

Sea que predicar sea tu especialidad o te de terror, tenemos que entender que la prioridad es comunicar las verdades del evangelio. No importa tanto nuestra elocuencia ni nuestra gracia sino que nuestra audiencia capte el mensaje de manera que puedan ver la conexión practica de lo que estamos diciendo con su vida. Personalmente he visto predicadores que cautivan a una audiencia con su gracia, su ritmo y movimientos pero si bien la gente queda "encantada" del predicador, después no saben ni de qué habló. Claro que no estoy diciendo que la gracia o la elocuencia sean malas. Son virtudes para valorar y mejorar, pero definitivamente nuestra consigna es superior a lograr que a la audiencia le guste como hablamos. Algunos autores citan a Juan Calvino diciendo:

"La palabra de Dios no es para parlotear, ser elocuentes o agudos... su objetivo es transformar nuestras vidas de manera que aumente nuestro deseo de servir a Dios, darnos enteramente a Él y solo nos conformemos a su voluntad."

En el capítulo cinco del libro hablábamos de que hay distintas modalidades de aprendizaje y por ende hay diversos métodos de enseñanza que funcionan mejor con diversas personas. La generación del vitró es bastante más visual que las generaciones anteriores y definitivamente tiene una increíble atracción a las experiencias interactivas. Por eso es que la predicación oral sin movimientos, ni cambios te tonos, sin historias y sin testimonios personales no van a ser de las preferidas del público moderno. El modelo de los tres puntos teóricos importado por los misioneros y enseñado en muchos institutos bíblicos tienen sus días contados a menos que a los últimos se le agreguen ciertos efectos especiales.

Algunos Recursos Atractivos para la Juventud

Ilustraciones: No hay nada como una buena historia para comunicar una verdad. Jesús lo dejó claro al hacer uso de las parábolas. Él tomaba personajes y situaciones de la vida cotidiana para hacer evidente un principio o una verdad. Las historias son más fáciles de recordar y también sirven para que los oyentes se identifiquen más fácilmente con los principios que queremos ilustrar. Estas ilustraciones pueden venir de tus experiencias personales (casi siempre son las más poderosas), de la historias de personajes conocidos, cuantos para niños o historias inventadas. Respecto a esto último, no hay anda de malo en inventar una historia, lo malo sería contarla como que fue verdad.. Eso se arregla simplemente diciendo: no se si conocen la historia de...." o algo por el estilo. Libros de autores como Tony Campolo y Max Lucado o clásicos como C.S. Lewis suelen ser una excelente fuente. También ahora hay algunos libros de ilustraciones que pueden ser una valiosa ayuda.

Objetos: Esta es una herramienta que saben usar los maestros de niños pero que nos olvidamos cuan efectiva es también para los adultos y en especial para la juventud posmoderna. Hace poco hablaba con una joven que me contó como había impactado su vida aquella vez que en un campamento yo había hablado con una vasija de barro arriba del púlpito y la rompí de un golpe al final del mensaje. Nunca me voy a olvidar del jarro de agua que nunca se vaciaba que trajo aquel misionero o de la vez que mi líder se puso un guante para hablar del Espíritu en nuestras vidas. El uso de objetos puede ser una herramienta muy poderosa para graficar una verdad. Un filtro solar pude servir para hablar de la santidad, un espejo deformante para hablar de la autoestima, un jabón para hablar de la confesión, ropa interior para hablar de quienes somos en lo oculto y tu puedes pensar en otros ejemplos. Especialidades Juveniles muy pronto tendrá un libro acerca de Lecciones con Objetos listas para usar.

Tecnología: En medio de esta sociedad tan tecnologizada cualquier aparato que podamos usar a nuestro favor traerá su beneficio. Cada vez será más común ver presentaciones en powerpoint en eventos grandes y aunque nos parezca muy futurista, en algún momento eso va a llegar a las iglesias. Hoy existen programas como el Media Shout que es un software especialmente preparado para presentaciones y la adoración en las iglesias. Pero se pueden empezar por algo menos moderno y costoso. Una voz en off, alguien con una cámara haciendo una entrevista callejera o notas en un retroproyector pueden ayudar a darle más producción al mensaje.

Referencias a los medios: ¿De qué se está hablando últimamente? Recortes de diario, entrevistas de televisión y escenas de películas pueden ilustrar magníficamente el punto del mensaje a la vez que concentrarse con el mundo de los oyentes. ¿Qué tal traer a Al Pacino, Britney Spears, Madonna y Maradona a tus reuniones? Con simplemente traer un recorte de algo que dijeron ya los puedes usar para tu mensaje.

Entrevistas: Esta es la versión actualizada de los viejos testimonios. En vez de dejar pasar a alguien que no sabe bien que va a contar o que en vez de dar testimonio se pone a predicar y no sabemos cómo cortar, es una excelente herramienta hacer entrevistas. En general los testimonios se dan como parte previa de un sermón pero pueden perfectamente ser parte de la ilustración de una de las verdades fundamentales del mensaje y ocurrir en medio del mismo. Recomiendo el uso de entrevistas por distintas razones: Por un lado puede ser mucho más interesante ver a dos personas interactuando que a una sola hablando. Otra razón es que con buenas preguntas puedes lograr que la persona dando el testimonio no se pierda y diga lo central de lo que quieres comunicar además de que puedes terminarla más fácilmente diciendo: última pregunta ...muchas gracias.

Teatro: Este es otro recurso que mayormente se usa como algo aparte del mensaje pero perfectamente puede ser incluido como un componente del mismo. En nuestros ministerios juveniles ha sido muy común que algún equipo tuviera que hacer algún sketch para ilustrar algún punto de mis mensajes. De esta manera el mensaje se convierte en interactivo, aumenta la participación y es más fácil que los oyentes puedan ver ciertos puntos de lo que quieres comunicar.

Hojas de actividades: Con el uso de hojas o bosquejos que los oyentes van siguiendo acrecientas la participación, queda claro que las estás ofreciendo algo y los oyentes pueden revisar lo que dijiste. Es muy común usar este sistema en conferencias y congresos pero no es muy usual que se use en iglesias hispanas y menos en grupos juveniles. Quizá te parezca que este es un gasto grande de fotocopias y la verdad es que si puede serlo, pero también puedes ahorrar papel haciendo notas que sean bien pequeñas y puedas fotocopiar varias en una solo hoja y luego recortarlas. También hay materiales que ya vienen con hojas fotocopiables como las "Lecciones Bíblicas Creativas en Romanos" que pueden ayudarte a desarrollar una dinámica antes, durante después de tu mensaje.

Pistas para Predicadores

Preparación: Primero que todo sintonízate con Dios. Si lo que quieres decir no viene de su corazón no vale la pena decirlo. Usualmente mis mensaje son frutos de tiempo de meditación y oración. En terminos generales hoy dos tipos de mensajes. Uno son los expositivos y otros los temáticos. Los expositivos son aquellos que exponen un pasaje de la escritura y comunican lo que el pasaje le comunicó a sus lectores originales y lo que pude decir hoy. Los temáticos rondan al rededor de un tema y usan diversas fuentes bíblicas para la exposición. Es muy obvio que más y más la predicación en Hispanoamérica es de índole temática y no expositiva lo cual puede ser un peligro ya que la segunda opción se presta más a que le hagamos decir a la Biblia lo que nosotros queremos que diga y no lo que dice. Pero ambos estilos pueden realmente comunicar algo que Dios quiere comunicar. Sea cual sea el caso, es indispensable investigar, leer libros relacionados con tu tema, buscar recortes, frases e ilustraciones que te ayuden a crear una imagen clara que lo vas a comunicar.

Foco: ¿A dónde quieres llegar? Tienes que poder definir el propósito de tu mensaje. En toda buena escuela de homilética (el arte de predicar y preparar sermones) te van a enseñar que si no puedes resumir lo que quieres comunicar a una sola frase, entonces no puedes dar ese sermón. No tienes foco. Sin un foco claro la predicación es cubrir un bache de silencio y cumplir con una tradición. No es suficiente con tener un tema, un par de puntos y versículos y alguna ilustración. Tienes que definir cual es el objetivo central tu mensaje.

Aplicación: ¿Qué quieres que tus oyentes hagan como resultado de tu mensaje? La respuesta a esta pregunta debe ser bien evidente en tus palabras. No supongas que tus oyentes va a hacer una conexión automática de lo que dices con su realidad. Dales ejemplos concretos de cómo aplicar lo que estás comunicando. Si tu mensaje no tiene aplicación es simplemente una declaración intelectual argumentativa. Esta es una buena posibilidad cuando estás solamente enseñando pero en el caso de un publico adolescente ellos necesitan más que eso. Sin conducir a los oyentes a una aplicación producimos oidores y no hacedores.

Primer frase: Los primeros dos minutos de tu mensaje son vitales. Si comienzas disculpándote o contando algo grandioso de tu ministerio sin ir al punto de lo que traes pensarán que o tienes nada importante para decir o que vienes a quedar bien. La primera frase es importantísima. Debe ser simple, lo más corta posible, dar evidencias del propósito que tienes en mente y apropiada para tu público. En la práctica aprendí que si empiezo un mensaje en falso luego me cuesta mucho más recuperar la atención del público y encauzar la lógica del mensaje que tengo. Algunos ejemplos de buenas primeras frases son: una declaración original, una pregunta, una experiencia fresca, una oración (siempre que no hayan acabado de orar recién), el titulo de tu mensaje, contar cuando Dios te dio ese mensaje y una predicación. Si estás predicando en otra iglesia o auditorio es bueno saludar y agradecer pero mantenlo lo más corto posible. No uses frases "evangeloides" para empezar. Comunican que no tienes nada fresco para decir y te hacen predecible e un instante. Ve al grano lo más pronto que puedas.

Público: ¿Quiénes son tus oyentes? Este libro se interesa primordialmete por los líderes juveniles de iglesias locales pero en este apéndice estamos haciendo consideraciones generales. Si tu público es siempre el mismo no tienes excusa para no conocerlos y adaptarte a tu ámbito. Sus problemas, cuestiones y temas deben estar en tu agenda. Si tu publico cambia debes intentar saber los más posible de ellos. La metodología del mensaje debe adaptarse a cada público. No es lo mismo hablarle a una multitud que a un grupo reducido. Tu tono y tus gestos no pueden ser manejados igual. Mientras que la voz fuerte y el mucho movimiento pueden ayudar en un auditorio grande, las mismas cosas pueden distraer en un ambiente chico y quitarte autoridad por perder naturalidad. El lenguaje también debe adaptarse a ese publico. Muchos excelentes oradores de eventos cristianos no pueden comunicarse con un público inconverso porque no saben adaptar su lenguaje. Cuando en nuestra anterior congregación decidimos enfocar nuestro esfuerzo en alcanzar a jóvenes no cristianos tuvimos que drásticamente alterar nuestro lenguaje. No fue tanto que lo hice por que sabia que debía hacerlo sino porque me di cuenta que no me entendían. No entendían mis referencias bíblicas ni muchas de mis palabras y por eso empecé a trabajar duro para hablar distinto. No te puedo contar cuanto eso me ayudó a que hoy puedo hablar también en ámbitos seculares.

Lectura de la Biblia: La biblia es un libro sagrado por su contenido y mensaje pero no es un amuleto. Todo lo que comuniques tiene que tener su fuente en la revelación escrita pero no tienes que tener una Biblia en la mano cada vez que subes a un escenario aunque sea dar un anuncio o un saludo ni tienes que parar a leerla todas las veces que prediques. Hace poco fui a predicar a una escuela secundaria en compañía de varios líderes cristianos. En mi mensaje use una historia bíblica como marco, dos versículos para cada uno de los dos puntos principales y otro versículo para el llamado. Cuando terminó todo, uno de los líderes me preguntó por qué no había usado la Biblia. Le pregunté a qué se refería. Me dijo que no había parado a leer el libro al comenzar mi predicación. Le volví a preguntar si estaba seguro que no la había usado. Me dijo – bueno, repetiste varios versículos de memoria, pero no paraste a leerla- Usar la Biblia no se trata ni de tenerla en la mano ni de parar a leerla. Tu me puedes contar las veces que algún pastor paró para leerla y después dijo cosas que nada tienen que ver con lo que decía el pasaje. No estoy recomendando hacer lo que hice en esa escuela cada vez que prediques. Muchas veces sigo parando a leer un texto al comenzar a predicar. El punto es que por repetir cierta costumbre evangélica no seamos todo lo efectivos para dar un mensaje de Dios a cierto publico. En algunas ocasiones parar a leer te va a entorpecer el ritmo y va a hacer que el público pierda el punto o se distraiga. Por eso es que recomiendo que pensemos inteligentemente cómo es que vamos usar la Biblia en cada determinada predicación.

Otra opción a usar versículos de memoria (lo cual pude hacerse cuando todos se saben el versículo o estás en un ambiente con pocas biblias o tienes poco tiempo) es la de las iglesias históricas como las presbiterianas o luteranas hacen la lectura de la biblia antes de la predicación. En estas iglesias la lectura la hace otro y no quien predica aunque si es esta persona la que elige cuál es la lectura. En nuestro ministerio de jóvenes usamos esta modalidad también para dar más participación a jóvenes que les gustaba leer en público. También la tecnología puede ayudar a usar la lectura de una manera más atractiva.

Gestos: Deja que tu cuerpo acompañe lo que dices. El contacto visual es lo primero que debes procurar. Si te la pasas mirando tu bosquejo o mirando la nada, el público va a perder el interés. Contacta todas las miradas que puedas sin concentrarte en ninguna. Es muy común que los predicadores se queden mirando a quienes los miran. Haz la prueba de mirar a los ojos a un predicador y verás que es muy probable que te siga mirando el resto de su mensaje. Trata de buscar ojos y hacer ese contacto con cuantos más puedas. Tus gestos deben estar sintonizados con tus palabras. Por ejemplo, no puedes contar algo triste con una sonrisa. Usa tus manos para enfatizar ciertas verdades. Es increíble cuanto comunican y como pueden ayudarte a comunicar lo que estás diciendo. Acomoda el movimiento al contexto dónde te encuentras. Con los más jóvenes es más conveniente moverse pero no así con las adultos. Cuando te muevas también ten cuidado que sea en manera coordinada con lo que dices. Moverse porque si, también puede distraer. Algunos dicen que ir de un lado a otro del escenario habla de nerviosismo y también cansa al público igual que quedarse totalmente quieto.

Humor: El humor es una herramienta sensacional para usar en la predicación. El público está siempre bien predispuesto a escuchar algo que lo haga reír y lo gracioso puede abrir el público como pocas otras cosas a escucharte atentamente. No tienes que ser un comediante para usar el humor. Hay distintas formas de usar el humor. Puedes imitar, usar ironías, leer o contar un chiste, contar o leer un cuento gracioso. Aún los comediantes practican constantemente sus monólogos y a muchos se los conoce por no ser nada graciosos cuando están fuera del escenario. El problema con el humor es cuando se usa fuera de lugar y sin conexión con las verdades que se intenta comunicar. En esa circunstancias solo distrae o atrae toda la atención al comunicador y no al mensaje.

Tiempo: Seguramente conoces el dicho: lo breve y bueno es doblemente bueno. Con un público con un corto margen de atención como son los adolescentes no es lo más acertado pretender su atención inamovible por espacio de una hora, y no creas que esto solo es real con los adolescentes. Alguien dijo que cuando un predicador habla quince minutos habla menos de lo que sabe, cuando habla media hora habla de lo que sabe, cuando habla cuarenta y cinco habla más de lo que sabe y cuando habla más de una hora no sabe de lo que habla. Si puedes comunicar las verdades que tienes que comunicar en menos tiempo siempre ve por la avenida más corta.

Golpe final: Considera con cuidado como vas a terminar. Al igual que con la primera frase tienes que tener bien claro el final. Hay ciertas ocasiones en que no sabes cómo va a reaccionar el público y también quieres ser sensible a la guía del Espíritu. Te aconsejo considerar distintas posibilidades y tener dos o tres opciones para terminar. Cómo conversamos antes en el libro recuerda que el Espíritu puede darte dirección cuando te estas preparando y no necesariamente cuando ya estás predicando. Siempre es mejor estar bien preparados. En mi experiencia prefiero terminar con alguna historia que grafique el contenido central de lo que estoy ofreciendo, pero tu puedes encontrar tu propio estilo. Escapa a la tentación de te tener que buscar un resultado meramente emocional. Muchos predicadores se equivocan en que creen que siempre tienen que hacer llorar a su público y hacerlos venir al altar y por eso no terminan sus mensajes hasta que lo logran. Dios habla de diversas maneras y hay distintas reacciones que podemos buscar a un mensaje.

Cinco Trampas para Evitar

No contamines la verdad bíblica: Pablo le escribía a Timoteo: *"Esfuérzate por presentarte a Dios aprobado, como obrero que no tiene de qué avergonzarse y que interpreta rectamente la palabra de verdad" (2 Timoteo 2:15).* La Biblia determina la sustancia de lo que tenemos para comunicar. Es cierto que tenemos un desafío interpretativo que tiene que ver con traer el texto Bíblico a la realidad presente y lograr que se conecte con la vida de nuestros oyentes. Pero no podemos hacerle decir al texto cosas que no dice. Una de las salidas para evitar la trampa de manipular la Biblia a nuestro favor es ser sinceros en diferenciar qué es lo que está allí y qué nos "parece" a nosotros que puede significar el texto hoy. Las interpretaciones alegóricas de muchos predicadores pecan de irreales cuando estos usan frases como "Dios me dijo" o allí la "Biblia está hablando de...". La solución no es complicada. Con solo decir "a mi me parece" o "yo me imagino que esto puede significar" ya estamos asumiendo nuestra libertad con responsabilidad. En lineas generales los estudiosos aseguran que la principal pregunta para interpretar un texto es estar seguros de qué es lo que quiso decir para sus lectores originales, por ejemplo los corintios, efesios o hebreos de antes de Cristo. Por esos es muy importante no sacar los versículos de su contexto. Recuerda el dicho: "El texto fuera del contexto es un pretexto."

No copies a nadie: Cuando alguien trata de ser otra persona lo más que puede lograr es ser número dos. Es muy feo ver clones de otros ministros. Si bien es lógico que ciertas personas nos despierten admiración y aprendamos de cómo ellos hacen las cosas, cada uno debe encontrar su propio lugar y maximizar las habilidades y experiencias que Dios nos dio de manera particular. El juego de las comparaciones no es bueno para nadie y lo peor es que quién imita es siempre visto como alguien más débil que depende de otro para comunicar lo que desea. Con este consejo también va el de no sentirse menos por no tener las habilidades de otros comunicadores. Cada quien tiene una especial fragancia para darle al mundo y concentrarse en lo que otros están haciendo suele limitar nuestro propio aporte. Festeja las habilidades de otros, enriquecerte con lo que ellos hacen bien pero busca identificar tu propio estilo y constantemente perfeccionarlo.

No uses vocabulario que no te es natural: Algunos predicadores se transforman cuando suben al escenario. Una cosa es que uses una mayor energía e intensifiques tus gestos y otra muy distinta es que seas otra persona que habla totalmente distinto que cuando estás abajo. Todos sospechamos de personas que se comportan distinto cuando están arriba del escenario que cuando están abajo. Para ser comunicadores efectivos no hace falta usar palabras pomposas si no hay necesidad. Hay veces que deberás explicar algún termino técnico o puedes usar alguna palabra del hebreo o griego original pero no quieras impresionar a nadie lanzando palabras que no tienen otro objetivo que ese. Quizás a la gente le parecerá que sabes mucho y tienes una gran educación pero correrás el riesgo de que no hayan entendido lo que querías decir. Uno de los problemas de usar un lenguaje distinto que el normal es que comunica una teología equivocada. Sin querer se puedes estar diciendo que hay una forma de hablar en el templo y otra afuera.

Por ultimo un comentario respecto a algo que he visto dando vueltas por distintos países: no es más espiritual hablar en hebreo que en español ni tenemos por qué judaizar nuestros cultos. El pueblo de Dios es uno solo y hoy se llama "la Iglesia." Pablo se pasó todo su ministerio luchando con los que querian judaizar el cristianismo. Y no digo esto porque no me guste apelar a los lenguajes originales los cuales estudié por varios años, pero si bien los uso para estudio personal, raramente los menciono en una predicación.

No abuses de tus talentos: Es obvio que algunas personas tienen condiciones naturales para ser buenos comunicadores. Desde pequeños que son sueltos para hablar y no tienen ningún problema en tener un público mirándolos. Es más, cuanto más son mejor y más fácil es hablar. Pero la verdadera comunicación poderosa del evangelio no tiene nada que ver con los fuegos artificiales humanos. Es un milagro del Espíritu que ocurre cuando un mensajero se sintoniza con Cristo, el sublime mensaje, y se deja usar como canal para que ese mensaje sea trasmitido.

Abusar de la capacidad manejar a un público es un peligro para el ego y es nido de herejías. Aquellos que abusan de sus talentos suelen saltear la dedicada consideración bíblica o descuidan su relación vital con el Espíritu y por eso muy pronto están diciendo cosas que le suenan bien al público pero no se ajustan a la verdad de la revelación escrita. Tengas o no tengas el talento natural de hablar en público recuerda que esa habilidad es siempre perfeccionable y sobre todo en la misión cristiana deber estar sujeta al Espíritu.

No prediques cosas que no vives o crees: No hay trampa más peligrosa que predicar algo que no vives ni intentas seriamente vivir. Hay ciertas ocasiones en que podemos predicar acerca de un ideal y confesar que nosotros seguimos hacia esa meta aunque no la hayamos ya alcanzado como le decía Pablo a los Filipenses. Pero si queremos plena seguridad tenemos que dejar que nuestra vida sea primero testimonio de algo para que nuestro ejemplo le brinde autoridad a nuestras palabras. Predicar algo que no vives puede ser una trampa de la que nunca te puedas librar respecto a algunas personas y la hipocresía de muchos creyentes ha sido una de las causas principales del enfriamiento de miles que se han alejado de la iglesia o que no han querido tener nada que ver con ella. Cuando creo que de un tema no tengo plena autoridad o plena certeza de mi opinión, prefiero evitarlo. Prefiero que alguien se desilusione por no encontrar en mi la respuesta que esperaba a ser hipócrita. La historia reciente de la iglesia nos ha dado tristes ejemplo de muchos que cayeron en el pecado que más denunciaban y fue una vergüenza para toda la iglesia. Recuerda que nuestra principal misión es dar las buenas noticias y nunca dar la impresión de que estamos para condenar.

Cinco Preguntas para Hacerte

Las siguiente cinco preguntas siempre me ayudan a encauzar lo que entiendo que el Señor quiere que comunique. Me pregunto:

1. ¿Cuál es la manera más grafica de decirlo?
2. ¿Cuál es la manera más positiva de decirlo?
3. ¿Cuál es la manera más simple de decirlo?
4. ¿Cuál es la manera más personal de decirlo?
5. ¿Cómo los ayudo a aplicar esta verdad?

La comunicación es un arte y como todo arte puede perfeccionarse. Hoy la Iglesia respira una nueva libertad en cuanto a como predicar el evangelio y eso es bueno y sano. Hay muchas maneras de comunicar las verdades de Dios y podemos hacer uso de distintos recursos para lograrlo. Este es solo el apéndice de un libro con otro tema central y hay mucho más para agregar que te recomiendo seguir investigando.

Por ultimo, recuerda que no vivimos la vida cristiana, escuchamos mensajes o estudiamos la Biblia para predicar. Predicamos porque viviendo con Cristo, escuchando su dirección y estudiando la escritura no nos queda otra cosa.

Bibliografía

Anderson, Neil, y Rich Miller

1997   *Leading Teenagers to Freedom in Christ* (Guiando Adolescentes a la Libertad en Cristo). Ventura, CA: Regal Books.

Arthur, Chris, ed.

1993   *Religion and the Media* (La Religión y los Medios). Cardiff, Wales: University of Wales Press.

Barchetta, Carmen

1994   "Adolescentes 1994." En *Quehacer Femenino* 128:5-6.

Barna, George

1995   *Generation Next* (La Próxima Generación). Ventura, CA: Regal Books.

1997   *Leaders on Leadership* (Líderes en Liderazgo). Ventura, CA: Regal Books.

2001   *Real teens* (Adolescentes Reales).Ventura, CA: Regal Books – Youth Specialties.

Berzonsky, Michael D.

1981   *Adolescent Development* (Desarrollo Adolescente). New York: Macmillan Publishing Co., Inc.

Blake, R. R. y Mouton, J.S.

1964   *The Managerial Grid* (La red ejecutiva). Houston,TX:Gulf.

Boshers, Bo

1997   *Student Ministry for the 21st Century* (Ministerio Estudiantil para el Siglo Veintiuno). Grand Rapids, MI: Zondervan Publishing House.

Brister, C. W.

1988   *El Cuidado Pastoral en la Iglesia*. El Paso, TX: Casa Bautista de Publicaciones.

Clinton, J. Robert

1986   *Leadership Emergence Patterns* (Patrones del Liderazgo Emergente). Altadena, CA: Barnabas Resources.

Clark, Chap

1997   *The Youth Worker's Handbook to Family Ministry*. (Manual de Ministerio Familiar para Trabajadores Juveniles). El Cajón, CA: Youth Specialties.

Dean, Kenda Creasy, Chap Clark y Dave Rahn

2001   *Starting Right.* (Empezando Bien). El Cajon, CA: Youth Specialties.

Deiros, Pablo A.

1994 a "Análisis Histórico-social con Visión de Futuro." En Bases para el Ministerio Juvenil. Richard Gómez, ed. Pp. 85-112. Buenos Aires: Juventud Evangélica Bautista Argentina.

1994 b *Diccionario Hispanoamericano de la Misión*. Miami, FL: Comibam Internacional, Editorial Unilit.

De León, Jeffrey

2002   *Soy Líder de Jóvenes, y ahora quién podrá ayudarme*. Miami, FL: Unilit

Dettoni, John M.

1993   *Introduction to Youth Ministry* (Introducción al Ministerio Juvenil). Grand Rapids, MI: Zondervan Publishing House.

1997   *"Philosophy and Models of Youth Ministry* "(Filosofía y Modelos de Ministerio Juvenil), CF 540, material de clase. Pasadena, CA: Seminario Teológico Fuller, Escuela de Misión Mundial.

Devries, Raúl A. y Alicia Pallone de Devries

1995   *Adolescencia*, Desafío para Padres. Buenos Aires: Paidos.

Dunn, Richard R.

1997   *"A Theological Framework for Doing Youth Ministry* (Una Red Teológica para Hacer Ministerio Juvenil)." En *Reaching a Generation for Christ* (Alcanzando una Generación para Cristo). Richard R. Dunn y Mark H. Senter, eds. Chicago, IL: Moody Press.

Escobar, Samuel

1977   *Irrupción Juvenil.* Miami, FL: Editorial Caribe.

Fiedler, F.E.

1967   *A Theory of Leadership Effectiveness* (Teoría del Liderazgo Efectivo). New York: McGraw-Hill.

Fields, Doug

2000   *Ministerio Juvenil Efectivo.* Miami, FL: Vida/Especialidades Juveniles.

2002   *Your First Two Years in Youth Ministry* (Tus dos Primeros años en el Ministerio Juvenil). El Cajon, CA: Youth Specialties.

Gallagher, Roswell J.

1983   *"Impacto que Causan los Familiares, Maestros y Compañeros Sobre los Adolescentes."* En *Medicina de la Adolescencia.* Jerome T. Y. Shen, ed. Pp. 20-27. México D. F.: Editorial El Manual Moderno S. A.

Gomez, Richard

1994   *"Cómo Elaborar Programas Juveniles."* En Bases para el Ministerio Juvenil. Richard Gomez, ed. Pp.171-196. Buenos Aires: Juventud Evangélica Bautista Argentina.

Hersey, Paul, Kenneth Blanchard and Dewy E. Johnson

1996   *Management of Organizational Behavior* (Administración del Comportamiento Organizacional). Upper Saddle River, NJ: Prentice Hall.

Konterlink, Irene y Claudia Jacinto

1996   *Adolescencia, Pobreza, Educación y Trabajo.* Buenos Aires: Losada y UNICEF.

Kraft, Charles

1996   *Anthropology for Christian Witness* (Antropología para Testigos Cristianos). Maryknoll, NY: Orbis Books.

Leys, Lucas (Si, tuve que revisar mi propio libro también, ja)

1998   *Adolescentes, Cómo Trabajar con Ellos sin Morir en el Intento.* Buenos Aires:

Editorial Certeza.

Lyotard, Jean- Francois

1995   *La Condición Postmoderna*. Buenos Aires: Editorial Rei.

Mardones, José María

1991   *Capitalismo y Religión*. Bilbao: Editorial Sal Terrae.

Maxwell, John C.

1996   *Desarrolle el Líder que Está en Usted*. Nashville, TN: Editorial Caribe.

2001   *Las 17 Leyes Incuestionables del Trabajo en Equipo*. Nashville, TN: Editorial Caribe- Betania.

McDowell, Josh

1990   *Cómo Preparar a Sus Hijos Para que Digan No a las Presiones Sexuales*. Miami, FL: Editorial Unilit.

McLaren, Brian D.

2000   *The Church on the Other Side* (La Iglesia del Otro Lado). Grand Rapids, MI: Zondervan

Merton Strommen, Karen E. Jones y Dave Rahn

2001   *Youth Ministry that Transforms* (Ministerio Juvenil que Transforma). El Cajon, CA: Youth Specialties.

Mueller, Walt

1994   *Understanding Today´s Youth Culture* (Entendiendo la Cultura de los Jóvenes de Hoy). Wheaton, IL: Tyndale House Publishers.

Myers Blair, Glenn, y R. Stewart Jones

1984   *Cómo es el Adolescente y Cómo Educarlo*. Buenos Aires: Editorial Paidos.

Newsweek (Edición en Español)

1996   "Músicos, Modelos y la Nueva Atracción: Heroína." Septiembre 11. Pp. 52-56.

Nietzsche, Federico

1988   *El Crepúsculo de los Ídolos*. Buenos Aires: Editorial Petrel.

Obiols, Guillermo, A. y Silvia Di Segni de Obiols

1996   *Adolescencia, Posmodernidad y Escuela Secundaria*. Buenos Aires: Editorial Kapeluz.

Oestreicher, Mark

1996   *Help, I am a Junior High Youthworker*. (Ayúdenme, Soy líder de los de 12 a 15) El Cajon, CA: Youth Specialties.

Patterson, Malco

1994   "La Diez Puertas al Éxito." Continente Nuevo, Edición Especial de Adolescentes. Guatemala: Asociación Evangelística Luis Palau. Pp. 22-25.

Pérez, Roberto

1994   "Adolescencia, Desafío de Ser Persona." Ensayo antropológico no publicado.

Piaget, Jean, Anna Freud, y J. Osterreich

1977   *El Desarrollo del Adolescente*. Buenos Aires: Editorial Paidos.

Philips, Tom

1997   "Building a Team to get the Job Done" ("Edificar un Equipo para lograr el trabajo"). En *Leaders on Leadership* (Lideres en liderazgo). George Barna , ed. Ventura, CA: Regal Books.

Rota, Daniel

1994   "Realidad Psico-Social de los Jóvenes. *"En Bases para el Ministerio Juvenil*. Richard Gomez, ed. Pp. 15-31. Buenos Aires: Juventud Evangélica Bautista Argentina.

Schipani, Daniel S.

1993   *Teología del Ministerio Educativo*. Florida, Buenos Aires: Nueva Creación.

Senter, Mark III

1992   *The Coming Revolution in Youth Ministry* (La Revolución que Viene en Ministerio Juvenil). Wheaton, IL: Víctor Books.

Shaffer, David R.

1989   *Developmental Psychology, Childhood and Adolescence* (Psicología del Desarrollo, Niñez y Adolescencia). Segunda Edición. Pacific Grove, CA: Brooks-Cole Publishing Company.

Schteingart, Mario

1964   *La Adolescencia Normal y Sus Trastornos Endócrinos.* Buenos Aires: Héctor Macchi Ediciones.

Stone L.J. y J. Church

1968   *El Adolescente de 13 a 20 Años.* Buenos Aires: Editorial Paidos.

Stott, John

1974   *Creer es También Pensar.* Buenos Aires: Ediciones Certeza.

1979   "The Living God is a Missionary God (El Dios Vivo es un Dios Misionero)." En You Can Tell the World (Puedes Decirle al Mundo). James E. Berney, ed. Pp. 10-18. Downers Grove, IL: InterVarsity Press.

Sweet, Leonard L.

1999   *Aquachurch* (Iglesia Acuática). Loveland, CO: Group Publishing.

Van Engen, Charles

1996   *Misión on the Way* (Misión en Camino). Grand Rapids, MI: Baker Books.

Warren, Rick

1995   *La Iglesia con Propósito.* Miami, FL: Vida

Banco de recursos

Especialidades Juveniles

www.especialidadesjuveniles.com

El propósito de Especialidades Juveniles es ofrecer los mejores recursos y entrenamiento a quienes ministran a la juventud. En puede encontrar libros, estudios grupales, artículos, juegos, rompehielos y estadísticas 'útiles para tu ministerio juvenil. info@especialidadesjuveniles.com

Convención Internacional de Liderazgo Juvenil

www.convencionliderazgo.com

Es el encuentro de líderes juveniles más grande de Hispanoamérica. Un fin de semana completo de talleres, plenarias foros de discusión, exposiciones y conciertos pensados en el liderazgo juvenil. El propósito de la Convención Internacional Liderazgo Juvenil es estimular a la iglesia en Hispanoamérica a alcanzar y discipular a la juventud de una manera cada vez más efectiva. info@convencionliderazgo.com

Instituto Especialidades Juveniles

www.institutoej.com

IEJ es un proyecto de Especialidades Juveniles, en alianza con el Seminario Teológico Centroamericano, el Seminario Internacional Teológico Bautista y Fulles Seminary. Este innovador proyecto busca proveer capacitación transformacional a través de experiencias y cursos de formación designados para levantar y equipar a una nueva generación de líderes juveniles en el contexto hispanoamericano.

Otros Amigos con Recursos

Cruzada Estudiantil

www.cruzada.org

La Cruzada Estudiantil y Profesional para Cristo es un ministerio cristiano interdenominacional dedicado a llevar el mensaje del evangelio de Jesucristo a todas las naciones. Visitando la página puedes buscar su oficina en tu país.

Info@cruzada.org.ar

Certeza Joven

www.certezajoven.com.ar

Editorial Certeza tiene una línea de materiales juveniles de excelencia *incluyendo varios libros de Lucas Leys. Su pagina de materiales juveniles es una de las más populares de Latinoamérica.

Bernardo de Irigoyen 654 - Cap. Fed. – Argentina

Tel/Fax: 054-011-4334-8278 / 4345-5931

Info@certezajoven.com.ar

Hispanic Ministry Center

www.uywi.org

Un ministerio dedicado al ministerio juvenil urbano. Recursos para alcanzar hispanos en Estados Unidos.

2002 S. Grand Suite A

Santa Ana, CA. 92705

Tel.: 714-554-7500

jaime@uywi.org

LAGRAM

www.lagram.com.ar

Liderazgo y Adolescencia Grupo de Amigos es un ministerio que trabaja para ayudar a los adolescentes a alcanzar la madurez en Cristo. LAGRAM realiza campamentos, encuentros juveniles, retiros de capacitación y programas para los líderes de las iglesias locales junto a sus jóvenes.

Otra Onda

www.otraonda.org

Otra Onda es una organización basada en principios bíblicos no lucrativa, dedicada a alcanzar e impulsar a la presente generación juvenil con eventos y programas que inyectan valores.

3100 Richmond Ave. Ste. 303

Houston TX 77098

713-942-0600

713-533-0600 Fax

info@otraonda.org

Red del Mundo Juvenil

www.laredjuvenil.com y www.boliviajuvenil.com

Mundo juvenil internacional existe con el propósito de ayudar a las iglesias evangélicas a levantar ministerios fuertes y efectivos entre adolescentes y jóvenes mediante la creación de redes y eventos de entrenamiento.

Contacto en Ecuador

Casilla 17-17-691

Quito, Ecuador

593-2-2255254

oficina@laredjuvenil.com

Servicio Evangelizador para América Latina

www.paralideres.org

Una pagina Web con una buena cantidad de recursos gratis. La misión en "Para Líderes" es proveer recursos de calidad, bíblicos y gratuitos, además de capacitación y guía para líderes cristianos.

sepal@sepal.org

si
trabajas
con jóvenes
nuestro
deseo es
ayudarte

Especialidades
Juveniles.com

NOTAS

NOTAS

NOTAS

NOTAS

NOTAS

NOTAS

Biblia para el
líder de jóvenes

Lo que todo pastor debe saber de su Líder de jóvenes

Lucas Leys

La batalla de las drogas

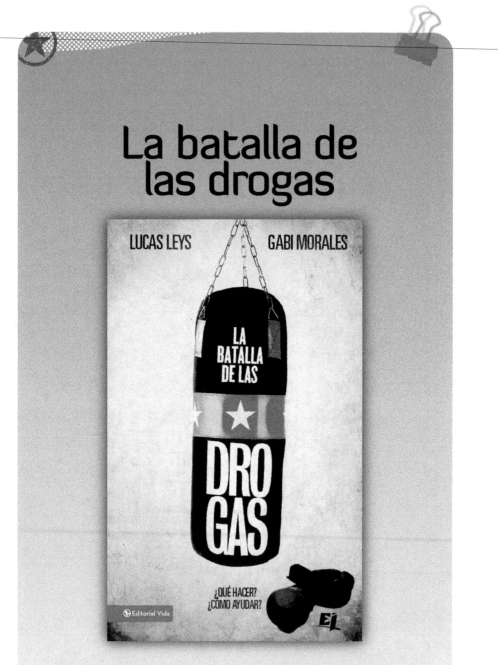

Lucas Leys | Gabi Morales

Manual práctico para consejería juvenil

Esteban Borghetti | Patty Marroquín
Esteban Obando

Generación de Adoradores

Emmanuel Espinosa | Lucas Leys
Danilo Montero

Nos agradaría recibir noticias suyas.
Por favor, envíe sus comentarios
sobre este libro a la dirección
que aparece a continuación.
Muchas gracias.

vida@zondervan.com
www.editorialvida.com

Printed in the USA
CPSIA information can be obtained
at www.ICGtesting.com
LVHW020858210724
785408LV00006B/27